KB119340

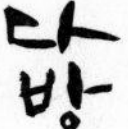

문화의 길 005

도시와 예술의 풍속화

다방

초판 1쇄 인쇄 2012년 11월 8일 초판 1쇄 발행 2012년 11월 15일

지은이 김윤식 **펴낸이** 이기섭 **기획** (재)인천문화재단 **편집** 최광렬 **마케팅** 조재성 성기준 정윤성 한성진 정영은

관리 김미란 장혜정 **디자인** 오필민 디자인 **펴낸곳** 한겨레출판(주) **등록** 2006년 1월 4일 제313-2006-00003호

주소 121-750 서울시 마포구 공덕동 116-25 한겨레신문사 4층 **전화** 02)6383-1602~3 **팩스** 02)6383-1610

홈페이지 www.hanibook.co.kr **이메일** ckr@hanibook.co.kr

값은 뒤표지에 있습니다. 파본이나 잘못된 책은 서점에서 바꾸어 드립니다.

ISBN 978-89-8431-627-0 04080

도시와 예술의 풍속화

다방

글·사진 김윤식

한겨레출판

일러두기

- 이 책은 2011년 10월 7일부터 2012년 3월 30일까지 『인천일보』에 연재된 글을 재편집, 수정하여 엮었습니다.
- 저자 제공본 이외에 이 책에 사용된 사진은 출처를 표기했으며, 저작권은 해당 출처에 있습니다.

다방,
그 기묘한 추억의 공간!

인천문화재단으로부터 다방에 대해, 인천의 다방에 대해 원고를 써 달라는 청탁을 받았을 때, 순간적으로 몇십 년 동안 까마득히 잊고 있었던 기억을 헤집는 느낌이 들었다.

은성다방! 그 삐걱거리던 목계(木階)와 거기 4번 테이블과 전등불빛과 최승렬, 최병구 선생 같은 분들과 K와 S와 J, 그리고 늘 거기 있던 C와 P 같은 여인들. 유리창에 비치던 노을과 눈물처럼 사선(斜線)을 긋던 빗방울들과 시화전과 「안단테 칸타빌레」, 그리고 「허밍 코러스」 음률 같은 것들이 가슴속에서 일시에 터져 나오는 듯했다. 그리고 생각은 점점 몸집을 불려 더 많은 사람들, 더 많은 다방들과 사연들로 머릿속을 가득 채웠다.

그러다가 문득 정신이 들었다. 도시는 사뭇 변해 옛날은 이미 없고, 그 시절 사람들마저 모조리 떠난, 텅 빈 거리에 서서 홀로 무슨 감정으로 '다방'을 말하고, 그 기묘한 추억의 공간을 설명해야 하나. 다방에 대해 쓰라는 것은 곧 그 시절 그 사람들의 이야기를 털어놓으라는 것인데, 가슴이 메어 어떻게 그것을 다 말하나. 정말이지, 처음에는 막막

하고 자신이 없었다. 경솔하다 할 만큼 선뜻 집필에 동의해 버린 처사가 한심스러울 정도였다.

그렇게 일주일. 문화재단에서 대략 말미를 준 4주 가까운 시간에서 한 주를 허비한 것이다. 마음을 다잡고, 며칠 동안 집을 나서 인천의 옛 도심을 거닐었다. 가슴이 메는 채로 은성다방이 있던 자리, 짐다방이 있던 자리, 별다방 자리, 상록수다방 자리, 명다방 자리, 어린 시절 기웃거렸던 양지다방 자리를 눈으로 짐작하며 다녔다. 그리고 혼자 남아 쓸쓸히 저물어 가고 있는 국제다방과 란다방에도 가 앉아 보았다. 마음만 무너지는 느낌이었지 도무지 자신이 없었다.

가까스로, 쓸 수 있으리라는 생각이 든 것은 우연히 접한, 우문국 선생이 이미 오래전인 생전에 써 두셨던 다방에 관한 글들 덕분이었다. 물론, 그 내용의 대부분은 이 책자의 본문으로 소개되려니와, 선생께서도 이렇게 글을 남겨 뒷사람의 길을 틔워 주셨다면 이제 그 뒤의 사람으로서도 기억한 바, 경험한 바를 적어야 한다, 하는 마음이 들었던 것이다. 가슴에 남아 있는 그대로, 아니 그나마도 다 이야기하지 못한

다면 못 하는 그대로라도 써 보자!

그렇게 시작할 마음을 먹었지만 이번에는 경험이나 지식이 짧아 제대로 된 글이 나올지 걱정이었다. 다방과 관련된 일반적인 자료나 문헌을 조사해야 하고 또 인천 쪽 자료도 알아내야 하는데, 시간적으로도 만만한 일이 아니었다. 국회도서관으로, 시립박물관과 시립도서관으로, 또 음식업조합과 근대박물관으로 가 보기도 하고 연락도 해야 했다. 그와 더불어 그 시절 다방에 대해 기억하는 사람들도 분명 만나 보아야 했다.

어느 정도 자료가 모여 집필을 시작했다. 그러나 막상 사람들에 관해서는, 인천 사람들에 관해서는 내용을 거의 축소한 채 아주 적은 부분만 쓰고 말았다. 다방이라는 공간에서 벌어진 일들이 대부분 개인적인 데다가 그것이 문화, 예술 성과와도 직접적으로 크게 관련이 없었기 때문이었다. 혹 그런 내용을 기대한 독자가 있다면, 아마 이 글은 태산명동서일필(泰山鳴動鼠一匹)의 싱거운 것이 될 터이다.

이 책은 커피가 인천항을 통해 들어오고 대불호텔에서 커피를 외국인 여행자들에게 제공한 일에(백 퍼센트 단언은 못 한다 하더라도) 이어, 고종 황제와 손탁호텔 이야기를 거쳐, 마침내 다방이 서울에서 탄생한 경위를 설명한다. 그리고 1930년대, 인천에도 초기 모던 다방이 생긴 사실을 실마리 삼아 성글지만 항도 최초의 다방 역사를 다룬다.

아울러, 예술인들의 전용 공간으로서의 다방과, 그것이 급기야 한국 사회 전체로 퍼져 나가 세계 초유의 독특한 다방 문화를 만든 사회사적인 면도 조금쯤 밝혀 보기도 했다. 또한 다방이 한국인의 삶과 사회생활에서 어떤 역할을 했는지에 대해서도 얼마간 기술을 하고, 거기에 딸려 1960~1970년대 인천의 다방 모습이나 생리와 그곳에 드나들던 사람들, 그리고 개인적인 에피소드 몇을 언급하기도 했다.

"다방이라니! 신포동은 과거 인천의 다방이 모여 성업하던 중심지였지만 이젠 옛날의 신포동이 아니어서 단 한 곳도 남아 있지 않다. 그저 아득한 기억 속에서만 존재할 뿐이다." 이렇게 중얼거리며 글을 시작했다.

그래도 "다방"이라고 소리 내 보면 마음은 속절없이 지난날로 달려간다. 1961년 중학교 2학년 겨울방학 때 신문 배달을 하면서 다방 안을 처음 구경한 이래, 이제 다방 세대의 거의 마지막이라는 생각과 함께 또 한 번 세월의 무상함을 뼈저리게 느껴 본다. 우리 한국에만 있었던(아직 여기저기 남은 다방이 있기는 하지만) 기묘하고 특이한 공간, 다방의 풍속도를 서투른 솜씨로 그려 본다.

2011년 10월, 가을비 내리는 신포동에서

김윤식

차례

3부 1960년대 다방과 문예 중흥 시대

4부 거리의 응접실, 1970년대 다방

5부 1980년대에서 2000년대까지

ZAPS
살구쥬스
매실쥬스
쌍화차

1부

• 다방이라는 공간, 그 풍속화

• 처음 다방이 등장할 무렵

• 인텔리 문화 예술인들의 안식처

• 문화 공간, 문학 현장으로서의 다방

20세기 '모던'의 상징, 다방

모던 풍조의 유행도 유행이었지만,

이들 인텔리에게 다방은

번잡한 세속 도시로부터

잠시나마 일탈할 수 있는

'별건곤(別乾坤)'이자 휴게소요,

안식처였다.

다방이라는 공간, 그 풍속화

찻잔에 담긴 젊은 날

그곳은 거리의 응접실이었다. 만인의 사무실이자 마음의 안식처였다. 한편으론 문학과 예술을 불태운 아지트였고 맞선과 데이트의 중심이었다. 나이 든 어른들의 사랑방이자 대학생의 공부방, 직장인의 휴게실이기도 했다. 실업자의 연락처였고 회사 없는 '사장님'의 둥지였다. 의자 깊숙이 들어앉아 조용히 흐르는 음악을 들으며 담소하는 여유도 있었다.

민병욱(전 한국간행물윤리위원장)은 다방에 관해 이렇게 썼다. '우리가 다니던 다방'의 정의랄까, 용도랄까, 또는 풍속이랄까, 꽤 잘 짚어 썼다는 생각이 든다. 굳이 '우리가 다니던 다방'이라고 말한 것은 20세기 초 모던(modern)의 상징이었던 초기 다방과는 생리가 다르기 때문이다. 그 이야기는 조금 뒤에 자세히 하기로 하자.

아무튼, 민병욱이 쓴 「다방, 그 공간의 의미」에는 더 추가할 다방의 속성이자 풍속화가 남아 있다. 고등학교를 졸업하는 초짜 청춘들에게 다방은 술집, 당구장과 함께 성인의 증표를 달아 주는 일종의 '관례(冠禮)'의 공간이었다. 고등학생 시절 우리를 억압하던 지상의 모든 '금지'로부터 온전히 해방을 얻어 누리고, 어엿한 성인으로서 자유를 무한히 만끽하기 위해, 우리는 먼저 다방으로부터 승인을 얻어야만 했다.

성인으로 인정받는 이 의례가 그토록 조급하고 조바심이 났던 모양인가. 그날, 고등학교를 졸업한 다음 날, 우리는 호기심과 설렘과 동경의 높은 곳에 달린 다방의 문을 열기 위해 계책을 짰다. 아니, 계책이라고까지 거창하게 말할 것도 없다. 우리는 고3 시절에 '대학입시를 위해 그리고 가정에 오래도록 상비하기 위해' 구입한 혼비(Hornby) 영영사전을 돌아가면서 헌책방에 넘기기로 했던 것이다. 다방의 찻값을 조달하기 위해서였다.

창영학교 앞 헌책방에 거의 새 책이나 다름없는 사전을 내주고 받은 액수는, 책의 정가에 비해 물론 형편없는 푼돈이었겠지만, 전혀 기억이 나지 않는다. 그날 제일 먼저 사전을 처분한 자는 이 모(某)라는 동창생이었다. 책방 주인으로부터 돈을 받아 쥔 것도 그였던 때문일 것이다. 아무튼 커피 석 잔과 당시 15원 하던 '스포츠' 담배 한 갑을 살 수는 있는 액수였다. 그리고 미리 말해 두지만 영영사전을 돌아가며 처분하기로 한 약속은 그것이 끝이 되고 말았다. 기분이 몹시 거북하고 커피 맛처럼 씁쓸했기 때문이었다.

한낮이고, 추운 날씨인데도 다방 안에는 어른 몇 명이 앉아 있었다. 우리는 위아래를 훑어보는 마담의 눈길에 얼마간 주눅이 든 채, 가라고 하지도 않았는데 저절로 난로에서 가장 먼 창문가에 가 어설프게 앉았다. 난로는 연탄난로였고, 그 위에는 커다란 양은 주전자가 김을 뿜고 있었다. 하얀 바탕에 위쪽으로 파란 선이 둘러진 사기잔에 레지가 아닌 아까 그 마담이 엽차 석 잔을 따라 왔다.

마담이 엽차 잔을 내려놓고는 아무 말 없이 웃는 듯이, 깔보는 듯이 우리를 내려다보았다. 누가 입을 열었는지는 기억에 없다. 우리 중 하나가 "커피요"라고 목구멍에 걸린 소리로 말했을 성싶다. 그러자 이번에도 마담은 말없이, 또 그 표정 그대로 우리 셋을 찬찬히 둘러보았던 것 같다. 이를테면 너희 모두 똑같이 커피를 마실 것이냐, 묻는 표정이었다.

처음 들어설 때와 달리 다방 안의 어른들이 이제 아무도 우리에게 눈길을 주지 않았지만, 담배를 피우는 것도 여간 거북한 것이 아니었다. 의자에 등을 기댄 채, 식지와 중지 사이에 담배를 끼우고 멋지게, 길게 연기를 내뿜고 싶어도 자꾸 어깨가 오그라들었다.

—졸고 「신포동 시절」 중에서

1960년대 절반을 막 넘어선 시절, 이렇게 해서 우리 셋은 생애 최초로, 보호자 없이 다방에 들어가 주눅이 든 채 어설프게 커피를 마셨다. 아니, 커피가 아니라 참으로 씁쓸하고 허망하게 혼비 영영사전을 마셔 버렸다. 당시 우리 같은 이 따위 에피소드를 만들어 낸 딱한 청춘들이 분명 한둘이 아니었을 것이다.

비교적 어린 시절부터 다방을 드나들었습니다. 물론 아버지와 함께였지요. 아버지는 어린 저를 옆에 딱 붙여 앉히고는 꼭 달걀 반숙을 시켜 주었습니다. 다방 출입을 엄금하던 중고등학교 시절엔 귀가가 늦어지는 아버지를 재우치려 서너 번, 간 적 있습니다. 다방 안에 들어서는 게 꼭 넘어선 안 되는 선을 넘는 것 같았지요. 고등학교를 졸업한 바로 다음 날, 친구들과 태연히 다방에 들어가 커피를 시켰습니다. 누군가 학생 아닌가요, 라고 물어 주기만을 기다리면서요. 졸업했거든요, 라고 톡 쏘아붙일 연습을 한 채로요.

이 짧은 글은 소설가 하성란이 쓴 것이다. 글을 읽으면 달걀 반숙과 함께 왜 그런지 그녀의 흰 이마가 생각난다. 아무려나 "고등학교를 졸업한 바로 다음 날, 친구들과 태연히 다방에 들어가 커피를 시켰습니다. 누군가 학생 아닌가요, 라고 물어 주기만을 기다리면서요. 졸업했거든요, 라고 톡 쏘아붙일 연습을 한 채로요"라는, 우리처럼 고등학교 졸업 다음 날이었지만 우리와는 전혀 다르게 건방지고 당돌한 그녀의 언사 또한, 결국 다방이라는 "넘어선 안 되는 선을 넘"어 드디어 성인으로 가는 도정(道程)처럼 느껴진다.

초짜 청춘들에게 다방은 성인의 세계로 들어가는 출입구이기도 했다.

기다리는 그 순간만은 꿈결처럼 감미로웠다

또 하나, 민병욱이 언급하지 않은 다방 풍속 중에는 연애가 있었다. 그가 무미한 어조로 말하는 그런 데이트가 아니라, 최초의 설레는 연애! 그러나 또 그 연애에는 언제나 끝이 있었고, 손끝에서 속절없이 타들어 가는 푸른 담배 연기, 그 자욱한 절망감……. 누가 뭐래도 다방은 깨어진 사랑의 약속에 애태우던 서글픈 풍속화, 그 현장이기도 했던 것.

> 커피 한 잔을 시켜 놓고 / 그대 올 때를 기다려 봐도
> 웬일인지 오지를 않네 / 내 속을 태우는구려
> 8분이 지나고 9분이 와요 / 1분만 있으면 나는 가요
>
> –「커피 한 잔」 중에서

> 그 다방에 들어설 때에 / 내 가슴은 뛰고 있었지
> 기다리는 그 순간만은 / 꿈결처럼 감미로웠다
> 약속 시간 흘러갔어도 / 그 사람은 보이지 않고
> 싸늘하게 식은 찻잔에 / 슬픔처럼 어리는 고독
>
> –「찻집의 고독」 중에서

펄 시스터즈가 부른 「커피 한 잔」이나 나훈아의 「찻집의 고독」은 둘 다 '오지 않는, 사랑하는 사람'에 대한 노래다. 아직 오지 않은 연인을

기다리며 조바심치던 젊은 날의 심사를 경험하지 않은 사람은 드물 것이다. 1분, 또 1분, 눈길은 연신 다방 문 쪽에 주면서 주체할 수 없어 엽차 잔을 들었다 놓았다 하던 초조한 심정의 경험. 또는 다방 문을 들어서는 순간, 이내 그곳이 결별의 현장임을 깨닫는 가슴 아픈 경험! 바로 나훈아의 노래처럼 '감미로운 기다림의 순간과 싸늘하게 식어버린 찻잔'의 기억을 공유하고 있는 사람들도 세상에는 적지 않을 것이다.

바람 속으로 걸어갔어요 / 이른 아침의 그 찻집
마른 꽃 걸린 창가에 앉아 / 외로움을 마셔요
아름다운 죄 사랑 때문에 / 홀로 지샌 긴 밤이여
뜨거운 이름 가슴에 두면 / 왜 한숨이 나는 걸까

–「그 겨울의 찻집」 중에서

너와 내가 만나던 그곳은 언제나 / 바다가 보이는 찔레꽃 찻집
그곳엔 약속이 그곳엔 내 얼굴이 / 그곳엔 너와 나의 내일이 있었지
다리를 건너서 숲길을 따라서 / 너와 내가 속삭이던 찔레꽃 찻집

–「찔레꽃 찻집」 중에서

조용필의 「그 겨울의 찻집」은 이미 지나간 사랑을 한숨짓고 있다. 다방 창가에 걸린 '마른 꽃(박제)'이 떠나 버린 사랑의 상징이다. 조영남의 「찔레꽃 찻집」에도 아득한 옛 연애의 비애가 서려 있다. '만나던',

'속삭이던' 그리고 '있었지'라는, 모조리 과거형의 술어(述語)들이 이미 사랑이 '지났음(끝났음)'을 암시한다.

이렇게 유난히 많은 다방 배경의 노래만 보아도, 다방이라는 공간이

펄 시스터즈의 1968년 특선집 앨범.
오지 않는 연인을 기다리며 조바심치는 마음을 노래한 「커피 한 잔」이 실려 있다.(김영준 소장)

우리 생활, 우리 젊은 날의 사랑에 직간접으로 얼마나 영향을 주었는지 알 수 있지 않은가. 너와 나, 연애의 환희와 실연의 쓰라림이 겹치는 회억의 무대, 감정의 공유 면적! 실로 다방은 한국인의 사랑의 한 풍속도라고 아니 할 수 없다. 민병욱은 그것을 놓치고 있었다.

물론 다방에는 손님과 마담이나 레지와의 사랑도 있었다. 모나리자 그림 때문에 벌어진 오해의 사랑, 주요섭의 소설 「아네모네의 마담」 같은 사연이 있는가 하면, 소설가 김용익의 「겨울의 사랑」도 있었다. '푸른 돛' 다방의 레지를 사랑한, 곧 봄이 오면 방한용 마스크를 벗어야 하는 언청이 몽치의 비극적인 이야기다. 이 비슷한 이야기들은 시대의 풍속화처럼 우리 주변에도 심심치 않게 그려지곤 했다.

6·25전쟁 이후 한 집 걸러 다방이라는 말이 돌 정도로 밀어닥친 다방 성업의 물결 속에서 산골 벽지나 오지 사람이 아니었다면 누구나 출입이 있었을 다방! 해서, 다방에는 첫사랑에 몸을 떠는 자, 즐거운 자, 피곤한 자, 실연한 자, 아파하는 자, 속이려는 자, 속는 자, 고뇌하는 자 모두가, 또 지식이 있거나, 예술을 하거나, 지위가 낮거나, 부자이거나, 노인이거나, 대학생이거나 누구든 구속당함 없이 와 앉을 수 있었고, 마음 졸이며 기다릴 수 있었고, 웃을 수 있었고, 속삭일 수 있었고, 쉴 수 있었고, 식은 찻잔을 앞에 놓고 이별할 수 있었다. 해서, 다시 다방은 그 공간에 드나들던 그때 사람들의 가슴속에 인생의 한 간이역으로, 교차로로 두고두고 살아남아 있지 않을까.

처음 다방이 등장할 무렵

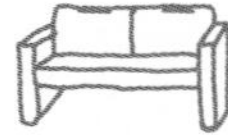

최초의 다방

우리나라에 커피나 홍차가 들어온 때는 언제쯤이고, 그것을 주 음료로 한 다방이 생긴 시기는 언제일까. 커피와 홍차가 우리나라에 들어온 것은 구한말, 개항으로 개화 문물이 수입되면서고, 다방 등장은 그보다 훨씬 뒤의 일이다.

개화 문물은 대부분 인천 개항과 함께 본격 수입되었으니 이 같은 끽음료(喫飮料)가 최초로 상륙한 곳도 인천 땅이었을 것이다. 아마도 개항과 거의 동시에 인천에 상륙한 독일, 미국, 영국 등의 무역 상인과 선원 그리고 선교사 들이 인천에서 처음 커피를 마시지 않았을까.

그런 면에서 1885년 4월 5일 자 아펜젤러(Henry G. Appenzeller)의 일기에 나오는 대불(大佛)호텔이 최초로 커피를 팔았거나 마신 '공공 현장'이 아닐까 싶다. 여기서 '공공 현장'이라고 얼버무리는 것은 대불

선교사 아펜젤러가 커피를 마셨을 대불호텔. 왼쪽의 굴뚝이 높이 솟은 건물이다.

호텔이 우리나라 최초의 서양식 호텔이기는 하나, 분명한 기록이 없어 그곳에 근대적 형태를 갖춘 호텔식 다방이 있었다고 확정할 수가 없기 때문이다.

아무튼, 커피 마시는 풍속은 외교 사절들에 의해 고종을 비롯한 당시 고관들과 개화파 인사들에게 전해져 급속하게 퍼져 나갔다. 아관파천(俄館播遷) 이후 고종은 커피 애호가가 되었는데 특히 향을 좋아했다는 이야기가 전한다. 러시아어 통역관 김홍륙이 커피에 독을 넣어 고종을 시해하려던 '독다 사건(毒茶事件)'이 일어나기도 했다.

커피 애호가로 알려진 고종과 1900년 무렵의 커피 스푼

서울에서 최초로 커피를 판 곳은 1902년 서울 정동에 들어선 손탁호텔 1층 식당 옆 다실이다. 손탁호텔은 프랑스계 독일 여성 손탁(Sontag)이 세웠다. 그녀는 1885년 초대 주한 러시아 대리공사 베베르(Karl Veber)를 따라 서울에 와서 궁궐의 양식 조리와 외빈 접대를 담당했다. 1895년 고종으로부터 정동에 있는 가옥을 하사받아, 후에 그 자리에 서울 최초의 호텔을 지은 것이다.

그러면 우리나라에 등장한 최초의 다방은 어디일까? 흔히 "1923년 일본인이 명동에 연 '후타미(二見)다방'을 꼽는다. 그러나 실제로는 1913년 남대문역에서 문을 연 '남대문역다방'이라고 한다. 1915년 조선총독부 철도국에서 발행한 『조선 철도 여행 안내』 책자에 「남대문역 깃샤텐(喫茶店) 내부」라는 글과 함께 이곳의 사진이 실려 있다"고 『한국민족문화대백과사전』은 적고 있다. 실제 1922년에 발간된 『경성명감(京城名鑑)』에도 마쓰이(松井嘉一郎)라는 일본인이 1913년 4월 이래, 조선총독부 철도국 '남대문역 끽다점'에 납품했다는 기록이 남아 있다.

그러나 근대적 의미의 다방이 등장한 것은 3·1운동 직후라는 것이 정설이다. 그 이전에는 앞서 말한 손탁호텔 다방에 이어 일본인이 경영하던

'청목당(靑木堂)'이라는 2층 살롱과, 1914년 총독부 철도호텔로 설립된 조선호텔의 다방이 기록에 남아 있을 뿐이다. 그 뒤 1923년을 기점으로 '후타미'와 역시 일본인 소유였던 '금강산' 다방이 충무로에 문을 연다.

유행을 아는 사람은 커피를 마신다

원음과 비슷하게 소리 낸 가배차(珂琲茶), 가비차(加比茶)가 그 당시 커피의 이름이다. 더러는 잠을 쫓고 정신을 맑게 하며 기운도 내게 하는, 쓴맛이 나는 서양 탕약이라고 해서 양탕(洋湯)이라고도 불렀다.

커피와 함께 유성기 음악을 들을 수 있는 이 다방이라는 새로운 형태의 공간은 저들 일본인과 일부 조선 상류 계층 사람들만의 전유물이었다. 서구 모던의 상징으로 여기던 '카페의 풍조'를 접할 수 있던 부류가 이들뿐이었기 때문이다. 그래서 처음 문을 열 당시 그들은 다방을 자신들만의 구락부(俱樂部) 형태로 운영했다.

그러다가 1920년대 후반에 들면서는 인텔리 계층 사이에 다방에 대한 인식이 널리 퍼진다. 서양 문물이 급속히 보급되고 일본에 유학하거나 미주 현지를 돌아본 지식인이 늘어난 까닭이다. 그러면서 다방의 상업적 경영 개념이 도입되고, 다방은 이들 인텔리 계층과 문화 예술인이 드나드는 장소로 변모한다. 즉, 이런 부류들이 차를 마시고 한담과 휴식을 취하는 공간으로 개념이 바뀐 것이다.

물론 이렇게 된 데에는 이 무렵 다방들이 연극인, 영화인, 소설가, 시인, 기자, 건축가 등 이른바 문화 예술인에 의해 직접 탄생한 까닭도 있었다. 당시 서울 풍경을, "다점 혹은 끽다점이라고 부르는 그곳에서 유행을 좀 안다 하는 사람들은 커피를 마신다"는 말로 요약할 수 있겠다.

혼마치(本町) 일대를 중심으로 1920년대 초부터 일본인이 세운 다방은 남촌 곳곳으로 확산되었다. 그 유행은 조선인 다방으로 이어졌다. 1927년 영화감독 이경손이 관훈동 입구에 '카카듀', 1년 뒤 작년에는 배우 복혜숙이 종로 2정목에 '비너스'를 개업했다. 요즘 제일 인기 있는 다방은 지난달 종로 2정목에 개업한 '멕시코'다. 그 다방이 개업한 11월 3일에 전라남도 광주에서는 학생들이 시위를 벌였다. 그 여파가 지금 경성에 날로 확산 중이다. 이제 커피는 특정 계층의 전유물이 아니다. 호텔 커피숍과 다방에서만 마시는 것도 아니다. 지금 조선은행 광장 분수대 앞 본정 1정목에 건물이 올라가고 있는 미쓰코시(三越)백화점이 완공되는 내년이면 백화점 안에 커피숍이 생길 것이라고 한다. 옥상에 노천카페가 들어선다는 소문도 있다. '커피 끓이는 법'이라는 제목의 신문 기사가 2년 전에 있었다.

잡지 『신동아』 창간 80주년 기념으로 기획된 '잃어버린 근대를 찾아서' 연재물 중 '나라는 망하여도 도시엔 봄이 오고'의 한 대목이다. 1920년대 서울에 다방이 등장한 사실과 점차 커피가 대중에게 번지고 있음을 보여 준다. 『한국민족문화대백과사전』도 우리 문화 예술인에 의해 탄생한 다방과 유행 실태를 다음과 같이 적고 있다.

1927년 이경손이 관훈동 입구에 '카카듀'라는 다방을 개업하였는데, 이경손은 우리나라 최초의 영화감독으로 「춘희」, 「장한몽」 등의 영화를 제작하였고 그가 직접 차를 끓여 더욱 유명하였다.

1929년 종로 2가 조선중앙기독교청년회(YMCA) 회관 근처에 '멕시코다방'이 개업했는데, 주인은 배우 김용규와 심영이었다. 의자와 테이블 등 실내 장식을 화가, 사진작가, 무대 장치가 등이 합작함으로써 문화인들의 종합 작품과 같은 의미가 있었다고 한다.

1930년대에는 소공동에 '낙랑파라'가 등장하면서 초기 동호인의 문화 애호가적인 분위기에서 벗어나 영리 면에도 신경을 쓰는 본격 다방의 면모를 갖추었다.

요절한 천재 시인 이상도 다방 사업에 많이 관여하였는데, 실내 시공만 하였다가 팔아넘긴 '식스나인(6·9)', 1933년 종로에서 부인과 함께 개업한 '제비', 인사동의 '쓰루(鶴)', 1935년 직접 설계하여 개업 직전에 양도한 '무기(麥)' 등이 그것이다.

한편, 1933년 '제비' 개업을 전후하여 영화·연극인, 화가, 음악가, 문인 등에 의하여 다방이 우후죽순처럼 생겨났다. 이들은 각자 특색을 자랑하며 종로, 충무로, 명동, 소공동 등에 다방 문화를 활짝 꽃피웠다.

명동의 러시아식 다방 '트로이카', 음악 감상 전문의 '에리사', 프랑스풍의 '미모사', 독일풍의 '윈', 매주 정규 음악회를 열어 유명하였던 '휘가로', 서울역 앞 이별의 장소로 애용되던 '돌체' 등이 다방 문화의 선도자였다.

일제강점기 경성의 최고 번화가였던 혼마치(本町)의 모습을 보여 주는 사진엽서.
사진 가운데에서 조금 오른쪽에 '과자와 끽다(菓子と喫茶)'라고 쓰인 간판이 보인다.
이곳이 과자와 커피, 홍차 등을 사 마시며 이야기를 나눌 수 있는 공간임을 알려 준다.(사진 제공: 함태영)

EIJO, THE CAPITAL OF KOREA, IS THE
CENTRE OF COMMERCE AND EDUCATION.

［京城全集］南山の麓に伸びた京城
最殷賑の町，本町一丁目の雜踏。

재미있는 것이 '요절한 천재' 이상의 이야기인데, 그는 문학적 천재 이상으로 다방 경영에도 남 앞서 가는 재능이 있었던 것 같다. '식스 나인(6·9)'이라고 퇴폐의 냄새가 나게 이름 붙인 그다운 발상과, 시공을 한 뒤 재빨리 남에게 넘긴 기민함이 놀랍다. 조선총독부 건축과 기

낙랑파라 전경. 1층은 다방, 2층은 화실로 운영되었다.(사진 제공: 인천광역시립박물관)

수 출신으로 이때만 해도 경제적인 안목이 뚜렷했는지, 연속해서 세 개의 다방을 설계하고 개업한 수완에 놀랄 따름이다. 그러나 전하는 이야기로, 그는 이들 다방을 개업해 모조리 실패했다고 한다.

미술가 이순석이 소공동 초입에 문을 열어 화가, 음악가, 문인 들이 가장 많이 모이던 '낙랑파라(樂浪parlour)'도 눈에 띈다. 이 밖에 1934년 12월 『개벽』에 실린 기사에 소설가 최정희가 근간 끽다점 '쁘나미'를 경영하게 된다는 소문이 있었다. 그러나 "그것이 될 듯하다가 틀려버렸다고. 불운한 해는 만사가 불여의(不如意)인 모양"이라는 동정 기사를 싣고 있는 것으로 미루어도 "1933년 '제비' 개업을 전후하여 영화·연극인, 화가, 음악가, 문인 등에 의하여 다방이 우후죽순처럼 생겨났다"는 말이 사실임을 알 수 있다.

인텔리 문화 예술인들의 안식처

사랑방보다 정다운 아지트

초기 다방은 동호인 체제 비슷하게 운영되다가 1920년대 후반에 들면서 인텔리 문화 예술인이 직접 다방을 열고 경영하는 시대를 맞게 된다. 모던 풍조의 유행도 유행이었지만, 이들 인텔리에게 다방은 번잡한 세속 도시로부터 잠시나마 일탈할 수 있는 '별건곤(別乾坤)'이자 휴게소요, 안식처였기 때문이다. 다방은 모더니즘을 경험하고 흡수하는 창구요, 또 자기들끼리 사색과 담소를 나누면서 예술가적 자각을 하는 아지트였던 것이다.

스스로 네 개의 다방을 열었으나 경제적으로는 손실만 입었다는 작가 이상은 "다방의 일게(一憩)가 신선한 도락이요, 우아한 예의가 아닐 수 없다"고 다방을 극찬했다. 이는 당시 이 땅의 문화 예술인들이 다방에 대해 가지고 있던 안식처나 낙원 의식의 대변(代辯)이라 해도 좋을 것이다. 다방에 관해 당시 문화 예술인들이 가진 관념의 일단을 읽을 수 있는 기록이 또 있다.

음악 평론을 하던 구왕삼은 "오늘 도시에 사는 유한자(有閑者) 인텔리 군(群)으로서 이 찻집의 존재란 자기 사랑방보다 더 정다운 휴게소가 되어 있다"고 했다. 그런가 하면 연극인 복원규는 "그 센티한 레코드, 담배 연기, 찻김에 싸여 한동안 미쳐도" 본다고 했다. 모더니즘 소설을 쓴 여류 작가 이선희는 한 걸음 더 나아가 대단한 다방 예찬론을 편다.

티-룸 이것의 탄생은 퍽이나 유쾌한 일이다. 활동사진에도 싫증이 난 내게 유일한 사교장이다. 일전 어떤 잡지에 찻집이 너무 많아서 차만 마시면 사느냐고 하기는 했지만. 장곡천정(長谷川町)으로 가다가 '낙랑파라' 이 집을 내가 제일 좋아한다. 쑥 들어서면 그 화려하고 경쾌한 맛이라니. 현대인의 미감을 만족시킨다. (중략)

우선 빈자리를 골라 앉았다. 커피를 가져왔다. 가느다란 김이 몰몰 난다. 훅 들이켰다. 그 향기로운 맛이란—. 그래, 집에서 숭늉을 마시고 있어?

맞은편 벽에 반나체의 여인 초상화가 걸렸다. 보면 볼수록 눈을 옮길 수 없게 매력이 있다. 서양 배우의 브로마이드도 뒤적거려 본다. 사람이 상당히 많이 왔는데, 그래 하루 종일 시달리다가 몇십 분 동안이라도 이렇게 쉬어야지 꼬부라진 신경이 펴질 게다.

레코드가 돌아간다. 사람의 마음을 부드럽게 어루만져 주는 그 음

향—. 모두 다 잊어버리고 아름다운 그 노래에 마음껏 취하는 복된 순간이여—. (중략)

차 한 잔 또 청했다. 나는 단연히 이 사교장의 여왕이나 된 것 같은 자부심이 생긴다. 그리고 미칠 듯이 기쁘다. 레코드가 돌아간다. 나는 언제까지나 심야파(深夜派)가 되고 언제까지나 이 다당(茶黨) 여인으로 행세할 것인가.

이선희가 쓴 「다당여인(茶黨女人)」의 일부로, 1934년 『별건곤』 잡지에 실린 글이다. 당시 인텔리들의 모더니즘 취향과 함께 다방에 관한 의식의 단면이 잘 드러난다.

권태로운 지식인의 방

다방의 멋을 만끽하던 것도 잠시, 1930년대 후반에 들어와서는 다방이 모든 문화 예술인에게 더는 작품 창작의 영감을 주거나 편안히 사색할 수 있는 공간이 되지는 못한다. 그저 습관적으로, 의식 없이 드나드는, 그리고 모더니즘의 피상적 허영심이나 채우는 공간으로 전락했다는 의식이 생겨난 것이다.

특히 현민(소설가 유진오이리라)이나 노천명 같은 이는 극단적이라고 할 만큼 다방에 대해 매우 부정적인 비판을 가한다. 현민은 1938년 『조광』에 쓴 「현대적 다방이란」에서 "다방이란 존재는 가장 물적으로 현대 지식인의 무기력, 무의미, 무이상, 권태, 물질적 결핍, 진퇴유곡

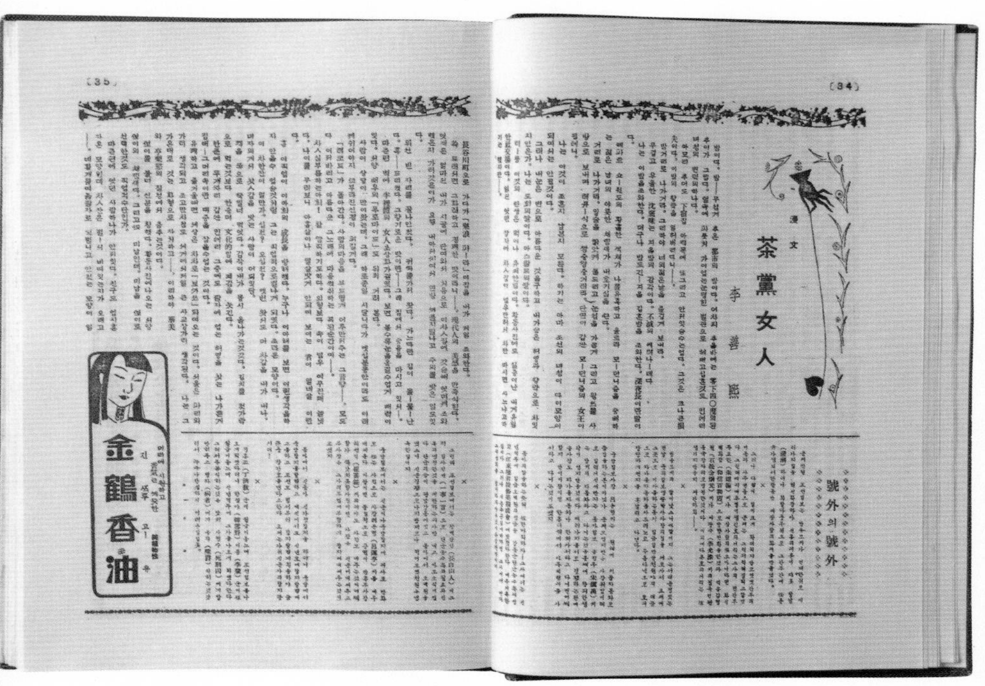
〔35〕

〔84〕

漫文

茶黨女人

李善熙

號外의號外

金鶴香油

다방 예찬론을 편 작가 이선희의 「다당 여인」 원문. 1934년 『별건곤』 1월호에 실렸다.

된 처지를 나타내는 곳이다"라고 혹독하게 비난한다. 또 "찻집엘 가면 무슨 희한한 문화적 자극이나 받을 수 있을 성싶게 수선스레 흥분하는 친구를 보면 나와 함께 그가 무척 가엾고 측은해진다"는 노천명의 멸시적 비판도 있다. 노천명이 피력한 다방 혐오감을 조금 더 옮겨 본다.

> 도대체 요새 많아진 그 다방들을 온종일 돌아보러 나온댔자 무슨 신통한 자극을 받을 게 있을까 보냐. 담배 연기로 자욱하고 흐린 공

기가 독스러운 그 방 안에서 야자수와 활엽수가 연기에 시달리며 마르는 양을 눈앞에 보는 것만으로도 피곤한 일이거든 자못 풍류객인 양 앉은 자리를 뜰 줄 모르며 권태를 잊어버린 친구는 또 저대로 좋은 운치가 있는지도 모르나 나는 알아들을 수가 없는 일이다.

잠시 빗나가는 이야기지만 그녀의 글 중에서 "자못 풍류객인 양 앉은 자리를 뜰 줄 모르며 권태를 잊어버린 친구는 또 저대로 좋은 운치가 있는지도 모르나"라는 구절에서 근래까지도 다방에서 흔히 볼 수 있었던 광경이 되살아나 웃음이 난다. 입장 시간에 제한이 없으니 커피 한 잔을 마시고는 종일 버티고 앉았거나, 수시로 이 다방 저 다방 들락거리기만 하는 사람들을 꼬집는 것인데, 당시에 이런 광경이 흔했는지 그것을 비꼬는 유행어도 있었다.

'멕시코'는 북편 길가의 고급 끽다점! 인텔리의 총본영(總本營), 거리의 사교실이다. 대학은 마쳤지만— 하는 분들의 약소한 백동화 몇 잎으로 천하대세(天下大勢)를 개탄할 적호(適好)의 구락부이다. 하루에 몇 번씩 들고 나고, 들어와서는 벽을 등지고 앉아 차 한 잔에 두 시간, 세 시간씩 한담은 보통이다. 악동들은 이 같은 단골손님에게 '벽화(壁畵)'라는 최고급의 경칭을 바친다. 벽에 그린 그림이 아닌 이상 그렇게 오래 벽에 붙어 앉았을 수가 있나.

1934년 『개벽』 신간 호에 실린 이서구의 「종로야화(鍾路夜話)」의 일부인데, 이른바 '벽화'를 코믹하게 풍자하고 있다. 그 밖에도 종일 하는 일 없이 이 다방 저 다방 다니며 물만 마시는 사람에 대해서는 '금붕어'라는 말로 비웃었다.

주머니는 얄팍하고 딱히 갈 곳이 없어 구석에 죽치고 앉아 레지로부터 종일토록 엽차 서빙을 받기는 하면서도, 동시에 따가운 눈총도 받아야 하는 붙박이 손님! 이런 '벽화 풍조'와 문화 예술인의 아지트 의식은, 비록 다방 혐오파의 비판을 받기는 했어도, 광복과 6·25를 지나 1980년대 중반까지 고스란히 그리고 끈질기게, 마치 무슨 전통처럼 이어져 왔다. 심지어 외상 차를 마시고, 훗날 어찌어찌 돈푼이나 돌게 되면 마담과 레지에게 쌍화차라도 한 잔 내서 신세를 갚거나 간단한 청요리를 시켜 사례하던 풍경까지도 비슷했을지 모른다.

차를 파는 다방, 기분을 파는 다방

다시 본론으로 돌아와 이번에는 1930년대에 들어 우후죽순 생겨난 다방들이 점차 변해 가는 모습을 살펴보자. 다방은 탄생한 지 불과 6, 7년 만에 도시민 각 계층으로 퍼져 나간다. 1934년 5월, 『삼천리』 잡지에 그 같은 사실이 드러나 있다.

극작가 유치진이 관계하는 끽다점 '뿌라타나(플라타너스)'에는 극예술연구회원을 비롯하여 문인, 묵객들과 일본 학생, 총독부의 월급쟁이들이 드나든다. '낙랑파라'는 주인 이순석이 동경미술학교를 나온 화가여서 주 고객이 화가였다. 거기에 일본촌이 가까워 일본인이 많았

시인 이상이 경영하던 다방 '제비'의 성냥갑 표지(김영준 소장)

고, 랑데부에 몸이 곤한 청춘 남녀들이 가끔 찾아들었다고 쓰고 있다. '낙랑파라'는 8개월 만에 문을 닫는데, 이어 김연실이 운영을 맡고서는 많은 문인이 드나들게 된다.

"김해경(이상의 본명) 씨가 경영하는 것으로 종로서 서대문 가노라면 10여 집 가서 우편(右便) 페이브먼트(pavement) 옆에 나일 강변의 여객선같이 운치 있게 빗겨 선 집"으로 표현된 '제비'에는 화가, 신문 기자 그리고 동경이나 대판(大坂=오사카)에 유학하고 돌아와 양차(洋茶)나 마시며 소일하는 유한 청년들이 많이 다녔다고 한다. 또 종로 네거리 보신각 근처의 '본아미'에는 화가가 많이 출입했고, '멕시코'에는 배우, 여급, 기생이 많이 드나들었다.

1920년대 후반까지 다방이 거의 문화 예술인과 모던 보이, 모던 걸들의 전유 공간이었던 것과 비교해, 불과 몇 년 지나지 않은 1930년대에 들면서 삽시에 출입하는 계층이 다양해진 것이다. 게다가 좀 더 뒤인 1938년의 기록을 보면 일반인과 문화 예술인의 다방이 완전히 구별될 정도로 더욱 다양한 계층이 출입하게 된다.

앞서 말한 글에서 현민은 다방을 '차를 파는 다방'과 '차를 마시는 기분을 파는 다방'으로 그럴듯하게 분류했다. 그리고 전자에는 상인, 관리, 회사원 등이 출입하고, 후자에는 예술가, 가두 철인(街頭哲人), 미남자, 실업자, 전문대생 등이 드나든다고 적었다.

'차를 파는 다방'은 대중적이고 세속적이어서 분위기가 명랑하고 찻값이 싸다는 장점이 있지만, 레코드가 좋지 않고 사내들이 급사를 했다고 한다. 그에 비해 '기분을 파는 다방'은 귀족적이고 폐쇄적인 분위기로 실내는 늘 담배 연기가 자욱했지만, 레코드에서는 베토벤, 모차르트 등의 고전 음악이 흘러나오며, 비싼 찻값과 함께 어여쁜 모던 걸이 급사를 했다는 것이다.

1938년 5월 『삼천리』 잡지에 게재된 이헌구의 「보헤미앙의 애수의 항구, 일다방(一茶房) 보헤미앙의 수기」에도 '다방의 풍류'를 앞의 글과 비슷하게 구분하고 있다.

현대인의 다방 취미는 담배 하나 피우기 위한 휴게소로 또는 친우(親友)나 혹은 용건 있는 사람을 잠시 기다리는 대합실 정도로 이용되는 바, 공리적 일면이 있는 이런 분들께는 좋은 홍차나 가배나 또는 좋은 레코드가 그다지 필요하지 아니하다. 다방의 세속화라고나 할까? (중략)

그러나 다방의 존재 또는 다방의 의의로 본다면 이러한 순전한 세속적 공리성에 있다고 볼 수는 없다. 이른바 다방 취미, 다방 풍류란 일종 현대인의 향락적 사교 장소라는 데 공통 존재 이유가 있는 것이니, 가령 한 친우(또는 2, 3인)와 더불어 시간의 제약을 받지 아니하고 문학, 예술, 세상의 기이한 사실, 더 나아가 인생을 이야기하기 위하여 이러한 곳을 선택하는 바, 고급된 다방 애용가도 있을 것이

낙랑파라의 개업 3주년 기념일에 문화 예술인들이 남긴 축하 메시지

요, 사랑하는 한 이성과 청담(淸談)하며 애정의 분위기에 잠기려는 세상의 많은 로맨티스트도 있는 것이요, 최근과 같이 레코드와 영화에 대한 열이 극도로 팽일(膨溢)한 세대에 있어서는 레코드를 듣기 위하여 또는 영화의 세계를 찾아 이 다방을 일종의 공동 아지트로 해서 기분 좋게 유창(悠暢)하게 모여들기도 한다.

이렇듯 1930년대 말에 이르면서 다방을 대하는 시선은 두 가지 대립적인 태도를 보인다. 한쪽은 '문학, 예술, 세상의 기이한 사실, 더 나아가 인생을 이야기하기 위하여 선택하는' 안식처이자 모던 문화의 공간으로 생각한다. 또 한편에서는 다방을 아무런 '희한한 문화적 자극도 받을 수 없는' 무익한 장소로 여긴다. 두 시각의 병존으로 미루어 알게 되듯이, 다방은 문화 예술인만의 전유 공간이 아니라, 널리 대중의 휴게실이 되어 간다.

문화 공간, 문학 현장으로서의 다방

다방의 '자랑할 역사'

1930년대 다방은 모더니즘을 경험하고 흡수하는 창구요, 문화 예술인이 자기들끼리 사색과 담소를 즐기면서 예술가적 자각을 하는 아지트였다는 말을 앞에서 했다. 또 한편, 다방을 아무런 이득을 얻지 못하는 순전한 유희의 공간으로 깎아내리는 태도도 설명한 바 있다. 이 같은 상반된 시각은 역시 앞에서 언급한 대로 샐러리맨이나 상인, 공무원 등이 출입하는 '차를 파는 다방'이 아니라, 소위 문화 예술인이 주로 드나드는 '차를 마시는 기분을 파는 다방'에 관한 것이었다.

문화 예술인의 편에서 본다면 근래까지도 이 두 가지 상반된 견해가 서로 대립해 있었다고 말할 수 있다. 물론 그 당시처럼 다방이 '모던'의 창구가 될 수는 없었지만, 여전히 문화 예술인으로서 다방 취미, 다방 풍류를 높이 여기는 부류가 있었고, 동시에 다방의 폐해를 들어 배

偵察機

茶房과 藝術家

近來 各都市에는 主로 有閑者, 인테리群의 休憩所, 待合室, 圖書室로 茶房이란것이 많이 생겨낫다. 그런데 地方都市는 모르거니와 中央에 잇어 보건대 이茶房과 藝術과의 關에는 特異한 現象이 發見된다. 于先 그經營者를 보면 畵家, 劇作家, 映畵人, 詩人, 俳優, 音樂家等 거이 藝術의 各部門에 亘하여잇고 따라서 그茶房의 內部裝飾, 調品, 氣分其他가 역시 각각 그部門의 人士의 趣味와 嗜好에 適合하도록되어잇음으로 各部門의 藝術家들은 마치 自己집 舍廊房이나 되는듯 자주를 다니게 된다. 就하야 그어느하나를 찾어가 보면 거기서는 寂寞, 倦怠, 憂鬱에 잠긴 藝術家(?)가 한잔 차를 앞에 노코 瞑想에 빠젓음인지 時間가기를 기다림인지 分辨키 어려운 茫然한 姿勢로 앉아잇음을 적어도하나 둘은 반듯이 보게된다. 藝術家와 茶房! 그무슨因緣인가. 歐洲에는 일즉이 살롱이 盛하야 살롱文學을 産出한 때가 잇엇고 또 [illegible]人의 一群과 또 그뒤에는 따따派가 카페를 本營으로하야 氣焰을 吐한 때가 잇엇다. 그러면 오늘날 「京城」의 交際所밖에 되지안는 이茶房이란 存在도장차우슨 新藝術의 搖籃이 될것인가. 茶房藝術! 設使이런것이 나온다 할지라도 우리는 거기에 만흔것을 期待할수없다. 그것은 無爲에서 허우적이는 落伍者의 푸념밖에 될수 없을것이므로 써이다. 時代의 不安과 生活의 過勞가 너 나를 不問하고 茶房의 한구석으로 끌어감이 事實이지만 冷靜하게 들이켜보면 茶房이란 決코 고마운 存在가 아님에는 틀림없다. 茶房經營하는 藝術家들도 氣分의 [illegible]에 서띠나 [illegible]한 本業으로 돌아가려니와 거기 모이는 新時代의 藝術家들도 마땅히 茶房을 뒤로하고 街頭로 나서야 할것이다(엽파)

다방에 파묻힌 예술가들을 비판한 1935년 6월 6일 자 「동아일보」 칼럼

척하는 일단도 있었다는 이야기다.

어쨌거나 그 당시 다방이 문화 예술 분야에 커다란 사회적 공헌을 했다는 생각이 든다. 과거 우리의 생활 구조로는 양반집이나 부자들의 사랑채를 제외하고는 근본적으로 타인과 교류, 접견할 수 있는 공간이 없었다. 그러던 중에 다방은 유일한 만인 공통의 응접실 구실을 했다. 이헌구의 표현대로 "일종 현대인의 향락적 사교 장소"로서 '공공적이면서도 사적인' 장소가 되어 준 것이다. 이것이 곧 문학 단체의 탄생을 자극하는 요소이기도 했다. 초기 다방 '낙랑파라'에 해외 문학파들이 주로 모였던 것이 그 비슷한 예일 것이다.

나아가 1930년대 다방이 미술 전시장이나 시집 출판 기념회장 같은 문화 공간으로 발전하는 것 역시 이러한 공통적 다방 취미의 소산이라고 할 수 있다. 또 하나, 다방의 구실이라고 할 만한 것이 있으니, 간편한 독서실처럼 문고(文庫)를 설치하거나 잡지를 비치함으로써 문인, 화가들의 여가와 지식 욕구에 부응했다는 사실이다.

그때와는 얼마간의 변화가 있기는 했어도, 또 인천에서만 그랬던 것은 아니라 해도, 이 같은 문화 공간으로서의 다방의 전통 역시 고스란히 전해 내려왔다. 1980년대 중반까지 시내 몇 군데 다방에서 미술 전시회나 시화전, 사진전이 열리곤 했으니 말이다. 문득 1970년대 말 무렵인가, 가을 어느 날에 중구 신포동 '은성다방'에서 너무 긴장한 나머지 잔뜩 목멘 소리로 시를 낭송했던 우스운 기억이 난다.

다시 돌아와, 그 당시 다방들이 문화 예술 공간으로서 어떤 식으로 소임을 했는지 살펴보자. 대강의 것이지만 1936년 12월호 『삼천리』 잡지에 실린 대담 기사 '끽다점 연애 풍경' 속에 그에 관한 내용이 나와 있다.

기자 여러분의 홀에서 문사들의 집회와 화가들의 전람회를 한 적이 많았을 터인데요.

복혜숙 각 극장과 음악회 포스터는 늘 걸지만 큰 집회는 그리 많지 못했어요.

김연실 낙랑에선 많았지요. 언젠가 '시성(詩聖) 괴테 백 년 기념제'도 30여 인의 문사가 모여 하였고, 안석영 씨의 '춘풍 영화(春風 映畵) 축하회'도 우리 곳에서 하였고, 그 밖에도 시인들의 시집 출판 기념회도 가끔 하였지요. 전람회는 언젠가 화가 구본웅 씨의 개인전을 한 번 했고, 기억은 다 못 하겠지만 퍽이나 여러 번 했어요. 더구나 제국대학 학생 그룹의 만돌린회 같은 것은 가끔 있지요.

강석연 우리 홀은 시작한 지 며칠 안 되어서 아직 그러한 '자랑할 역사'가 없어요. 그렇지만 앞으로는 온갖 편의를 다 봐 드리어, 될수록 시인 묵객의 집회 장소로 제공코자 해요.

기자 외국서는 살롱 문화가 놀랍게 발달했다는데 여기서도 자꾸 문화층의 발(足)과 눈(眼)을 여기 모이도록 하는 노력을 해야 할걸요.

다방 '본아미'에서 화가 구본웅의 개인전이,
다방 '플라타느'에서는 목판 소품전이 열린다고 알리는 1930년대 「동아일보」 소식란

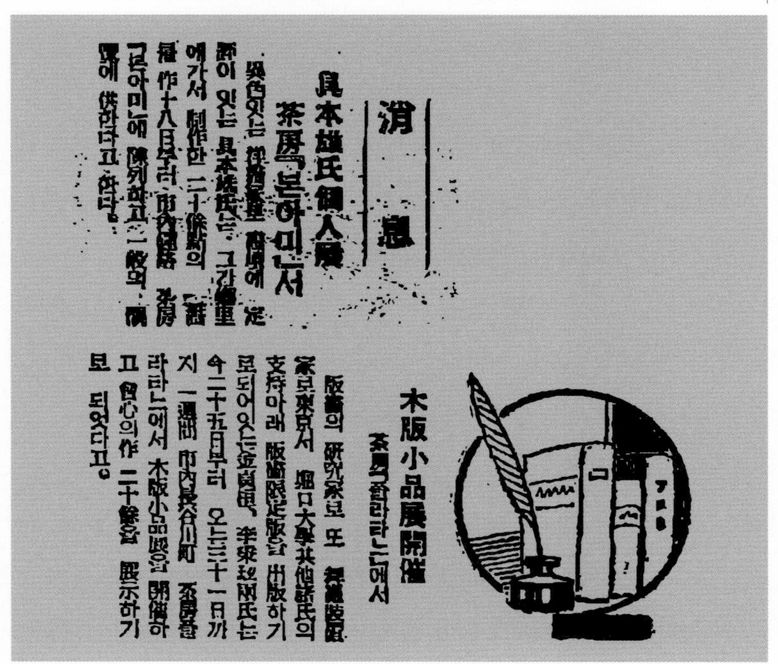

消息

具本雄氏個人展
茶房「본아미」서

異色잇는 洋畫家로 [illegible]에 定評이 잇는 具本雄氏는 그간 [illegible]에 가서 製作한 二十餘點의 [illegible]作을 十八日부터 市內 [illegible] 茶房 「본아미」에 陳列하고 一般의 觀覽에 供하리라고 한다.

木版小品展開催
茶房「플라타느」에서

版畵의 硏究家로 또 [illegible]家로 東京서 堀口大學 其他 諸氏의 支持아래 版畫限定版을 出版하기로 되어잇는 [illegible] 李秉玹氏는 今二十五日부터 오는 三十一日까지 一週間 市內 長谷川町 茶房 「플라타느」에서 木版小品展을 開催하고 會心의 作 二十餘點을 展示하기로 되엇다고.

(중략)

기자 비치하여 놓은 문고는 대개 어떤 것이지요?

복혜숙 지금은 동아, 중앙이 없어졌으니 조선, 매신(每申)과 대판(大阪), 매일(每日), 조일(朝日)을 신문으로 갖다 놓았고, 잡지로는 『삼천리』, 『조광』, 『여성』 등이지요. 그리고 영화 잡지도.

김연실 대개 그렇지요. 『스크린』 같은 외국 영화 잡지들을 좋아해요. '낙랑문고(樂浪文庫)'를 앞으로 더욱 확장코자 합니다.

강석연 대개 그렇지요. 어느 끽다점이나 다 마찬가지지지요. 십 분, 이십 분 앉아 있는 짧은 시간에 되도록 머리를 평안히 쉬이고 그리고 눈을 살지게 하자니 자연히 호화롭고 경쾌한 독물(讀物)이 필요하게 되니까요.

이처럼 다방은 예술인의 안식처이자 창작 공방이면서 동시에 문화 예술 행사를 위한 장소 구실을 했다. 특히 흥미로운 것은 당시 다방의 마담들이 자신들의 다방이 그와 같이 문화 공간으로 이용되는 것을 '자랑할 역사'로 여겼다는 점이다. 애초 '문화 예술인에 의해, 문화 예술인을 위해' 태생한 공간으로서 어쩌면 당연하다고 할 수 있을지도 모를 일이다.

문학 작품의 무대가 되다

한편으로는 '다방 공간' 자체가 직접 문학 작품의 대상이 되거나 무대가 되기도 했다. 다방을 작품 속에 끌어들인 대표적

학커피숍
학커피방

인 작가가 박태원일 것이다. 그는 1933년 「피로」, 1934년 중편 「소설가 구보 씨의 일일」, 「애욕」, 「방란장 주인」 등 다방을 무대로 한 소설 작품들을 발표했다. 「소설가 구보 씨의 일일」의 저본(底本)이라고 할 수 있는 작품 「피로」는 소설가인 주인공 '나'가 다방 '낙랑'에 들어가 소설을 쓰려다가, 옆자리의 문학청년들이 침체한 조선 문단과 문인을 도매금으로 비난하는 소리를 듣고는, 글쓰기를 포기한 채 거리로 나와 도시를 배회하다가 다시 다방으로 돌아온다는 내용이다.

> 사람들은 인생에 피로한 몸을 이끌고 이 안으로 들어와 2척×2척의 등 탁자를 하나씩 점령하였다. 열다섯 먹은 '노마'는 그 틈으로 다니며, 그들의 주문(注文)을 들었다. 그들에게는 '위안'과 '안식'이 필요하였을지도 모른다. 그러나 그들이 어린 노마에게 구한 것은 한 잔의 '홍차'에 지나지 못하였다.
>
> 그들은 그렇게 앉아 차를 마시고, 담배를 태우고, 그리고 '축음기 예술'에 귀를 기울였다. 이 다방이 가지고 있는 레코드의 수량은 풍부한 것임이 틀림없었다. 그러나 나의 기쁨은 결코 그 '이백오십 매'라는 수효에 있지 않았고 오직 한 장의 엘레지에 있었다.
>
> 엔리코 카루소의 성대(聲帶)만이 창조할 수 있는 '예술'을 사랑하는 점에 있어서, 나는 아무에게도 뒤떨어지지 않는다. 그러나 때로, 내가 일곱 시간 이상을 그곳에 있었을 때, 분명히 열두 번 이상 들었던 엘레지는, 역시 피로한 것이었음이 틀림없었다.

작품「피로」는 이렇게 다방을 무대로 해서 당시 문화 예술인, 지식인들이 느끼던 '정신적 피로'와 함께 '홍차', '레코드', '카루소' 등 그들이 누리던 모던 풍조를 실감 나게 표현하고 있다. 훨씬 앞에서 언급한, 1936년도 발표작 주요섭의「아네모네의 마담」 역시 대표적인 '다방소설'이라고 할 것이다.

교수 부인을 사랑한 전문 학생이 아네모네 다방에 들러 슈베르트의「미완성 교향악」을 청해 듣는다. 그런데 그는 카운터에 앉은 마담 영숙을 "언제나 무엇을 열망하는 듯한, 열정에 타고 넘치는 그 눈 모습으로!" 바라본다. 영숙은 전신이 수줍음에 휩싸이는 듯싶다가 차츰 야릇한 흥분과 만족을 느끼기에 이르고, 그때부터 귀고리를 다는 등 몸치장을 한다.

그러던 어느 날, 학생이 음악을 듣다가 갑자기 발작을 일으킨다. 후에 동행했던 친구가 찾아와 자초지종을 설명하는 바람에 영숙은 그때까지의 모든 사실을 알게 된다.

학생은 교수 부인을 열렬히 사랑했는데, 그 부인이 건강이 위독하여 장기 입원을 하고 있는데도 병문안조차 갈 수가 없었다는 것이다. 학생과 교수 부인 사이에는 슈베르트의「미완성 교향악」이 아름다운 추억으로 깔려 있었다. 그리고 학생이 느끼기에 다빈치의 그림「모나리자」가 꼭 교수 부인의 이미지였다. 그래서 학생은 슈베르트를 들으며 아네모네 다방 카운터, 바로 영숙이 서 있는 뒷벽의 모나리자를 뚫어지게 바라보는 것으로 비련의 심정을 삭이고 있었다는 것이다.

이런 사정을 다 듣고 난 영숙은 더는 귀고리를 하지 않는다. 전혀 방

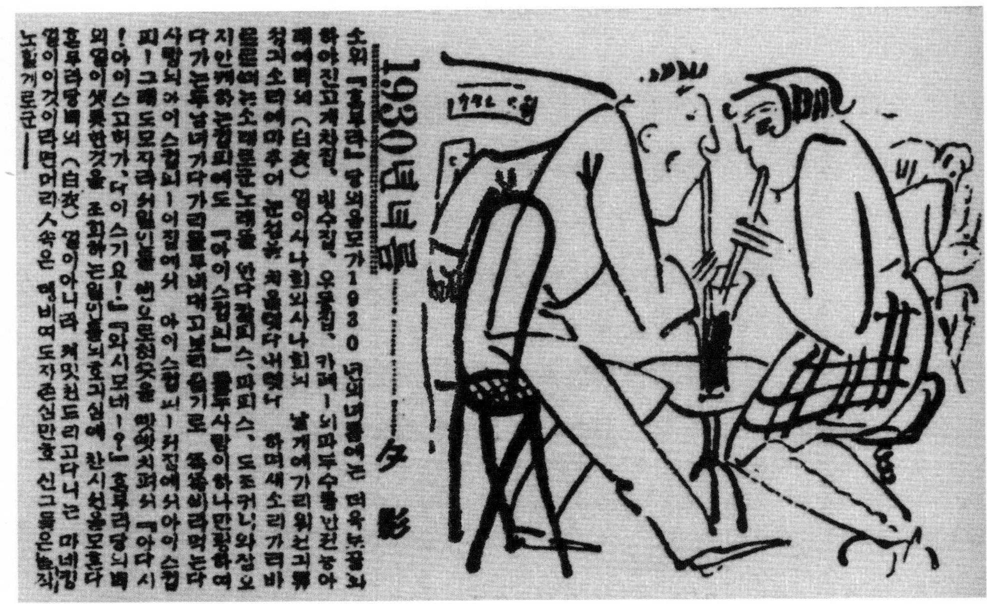

1930년녀름 —— 夕影

1930년 7월 16일 자 「조선일보」 세태만평. 젊은 남녀가 아이스커피 한 잔을 시켜 나누어 마시는 세태를 풍자하고 있다.

향이 엇갈린 이 기막힌 사랑의 소설은 이렇게 씁쓸하게 끝난다.

이틀날 밤.

찻집 아네모네에서는 언제나 그러한 것처럼 재즈 소리가 흘러나왔다. 방 안 공기는 어느새 담배 연기로 안개 낀 것처럼 자욱해 있었다.

"아, 그런데 이 마담이 웬 변덕이 그렇게 많단 말이야? 응, 어저께 귀고리를 새로 낀 것이 썩 어울린다구 야단들이기에 한번 볼려구 일부러 왔는데 그 귀고린 어쨌소, 그래?"

하고 어떤 사나이가 말했다. 영숙이는 아무 대답도 없이 빙그레 웃어 보일 따름이었다. 그 웃음은 어딘가 구슬프고 고적한 기분을 띤 웃음이었다.

김용환 화백이 그린 1956년 다방 풍자화

이 밖에 1955년 발표된 김동리의 「밀다원 시대」와 역시 앞에서 언급한 바 있는 김용익의 1956년 발표작 「겨울의 사랑」도 있다. 「밀다원 시대」는 1·4후퇴 때 부산으로 피난가 '밀다원'이라는 다방에 드나들던 문인들을 모델로 하여 그 시대의 불안한 심리를 묘사한 소설이다. 「겨울의 사랑」은 '푸른 돛' 다방 레지 지안을 사랑한 언청이 몽치의 이야기다. 겨울 동안은 방한용 마스크를 쓴 채 다방에 드나들었지만, 곧 봄이 오면 방한용 마스크를 벗어야 할 노릇. 결국, 몽치가 수술비를 마련코자 미군 부대 철조망을 넘어 타이어를 훔치다 총에 맞는다는 비극적인 이야기다.

이만하면 다방이 우리 소설 문학의 한 산실이 되어 오늘까지 유전되어 왔다고 이야기할 수 있지 않을까.

2부

- 아펜젤러가 마신 대불호텔의 커피

- 인천에 문을 연 최초의 모던 다방 '파로마'

- 광복과 6·25 전쟁 시기의 다방들

- 1950년대 말, 문화 예술인과 다방

항도 인천의 다방 전래

모르기는 해도,
항도 인천 최초의 다방을
'파로마'로 작명한 이 '신사'의 심중에도
'연정과 낭만'이 있었을 것이다.
그리 생각하니 그 심중의 떨림이
지금 가슴 가득 차오르는 느낌이다.

아펜젤러가 마신 대불호텔의 커피

서양 요리에 커피나 홍차

국내 여러 문서가 다방이나 커피를 언급할 때 인천의 대불(大佛)호텔을 거명한다. 대불호텔은 서울 정동의 손탁호텔보다도 훨씬 먼저 개업한 우리나라 최초의 서양식 호텔이다. 그러니 거기에 들었던 숙박객은 당연히 '과거 한국인이 숭늉을 마시듯' 커피를 마셨을 거라는 추측을 할 만도 하다. 규모가 작았다고 해도 호텔인 이상 식당과 커피를 마시는 다방 또는 휴게실 같은 구조가 있었으리라는 추측도 곁들여서.

대불호텔의 개업 연도를 흔히 1888년이라고 적고 있으나, 이해는 사업 번창에 따른 '개·증축 혹은 신축'이 완료되어 다시 개업한 연도다. 대불(다이부쓰)호텔이 이미 그 이전에 존재했음은 1885년 4월 5일, 제물포항에 상륙한 감리교 선교사 아펜젤러의 일기에서 확인된다. 그는 일본 말 다이부쓰를 '사이부쭈'로 발음하고 있다.

끝없이 지껄이고 고함치는 일본인, 중국인 그리고 한국인들 한복판에 짐들이 옮겨져 있었다. 사이부쭈호텔로 향했다. 놀랍게도 호텔에서는 일본어가 아닌 영어로 손님을 편하게 모시고 있었다. 선상예배에서 버나도(Bernardo) 씨를 만났는데, 그는 한국에 관해서 좋게 말했다. 잠은 잘 잤다. 비록 미국 호텔만큼 원기를 회복시켜 주지는 않았지만, 기선보다는 나았다.

덧붙여 그가 본국으로 보낸 4월 9일 자 연례 보고서에도 "호텔 방은 편안하고 넓었으나 약간 싸늘했다. 식탁에 앉았을 때는 잘 요리되어 입에 맞는 서양 음식을 먹을 수 있었다"는 내용이 있다. 서양 요리와 함께 충분히 커피나 홍차를 연상할 만한 구절이다. 그가 '커피나 홍차'를 직접 언급하지 않은 것은, 그것이 요리가 아니라 과거 우리 밥상의 숭늉처럼 식탁의 부속 음료였기 때문일 것이다. 우리가 '음식이 입에 맞았다'고 말할 때 '숭늉까지 입에 맞았다'고 하지 않는 경우와 같을 것이다.

앞에서 언급했듯 대불호텔 안에 커피를 파는 별도의 다방이 있었는가 하는 물음에는 그렇다는 확답이 곤란하다. 실제 아펜젤러의 글 어디에도 이 호텔의 다방이나 휴게실 같은 것에 관해 언급한 부분이 없기 때문이다. 그렇더라도 위의 기록을 통해 '스스로 끓여 마신' 것이 아니라 '호텔 숙박 및 식음료 대금에 포함되는' 차를 대불호텔에서 판

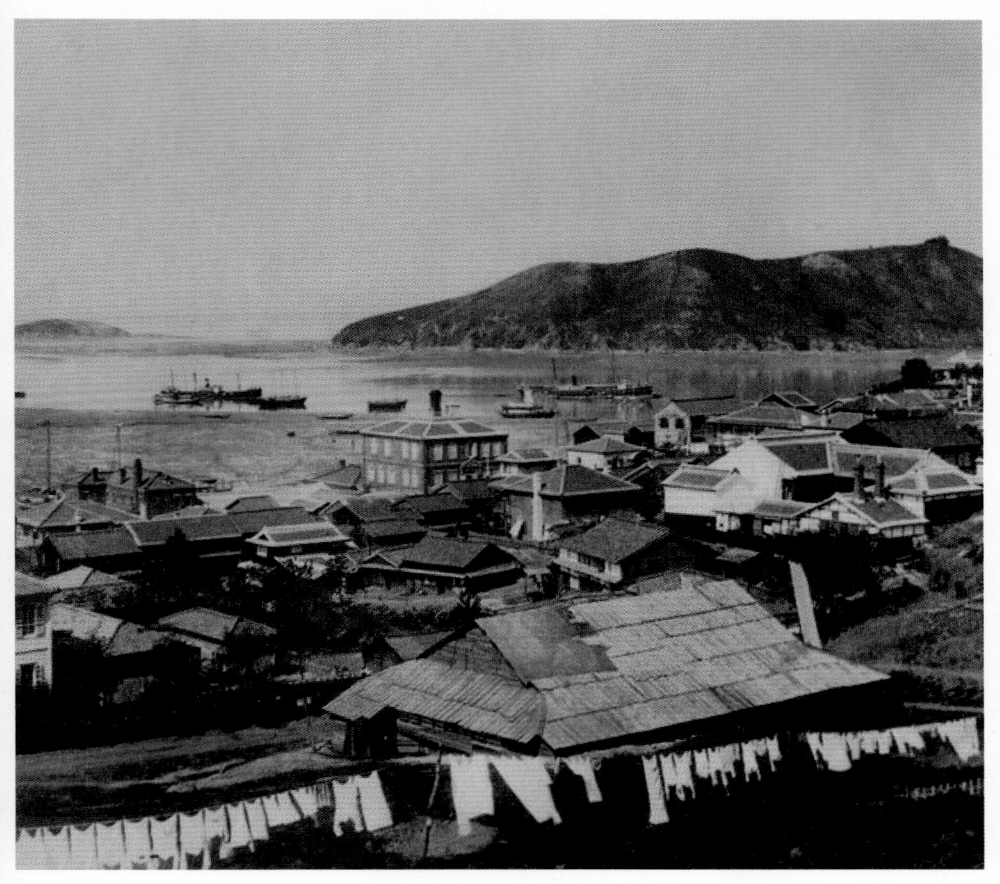

1890년대의 제물포항. 가운데의 붉은 3층 양옥이 대불호텔이다.

매했으리라는 점은 짐작할 수 있다. 바로 이 때문에 앞에서 대불호텔이 차를 판매한 우리나라 최초의 '공공 현장'이라는 표현으로 얼버무린 것이다.

대불호텔에 관한 기록을 남긴 외국인 중에 음식이나 식당에 관해 적은 사람은 아주 드물다. 그나마 프랑스 외교관 이폴리트 프랑댕(Hippolyte

Frandin)이 자신의 저서 『프랑스 외교관이 본 개화기 조선』에 한마디 기록하고 있을 뿐이다. 이 책을 집필하기 시작한 연대는 확실치 않으나, 명성황후 알현 내용이 있는 것으로 보아 1895년 이전일 것으로 추정한다. 이 번역본에서는 다이부쓰호텔을 '다이부토호텔'로 표기하고 있다.

침대는 훌륭했으나, 요리에 대해서는 차마 여기에 기록할 수 없을 지경이었다. 후덕했고 이름이 널리 알려진 이 싸구려 호텔 주인은 유럽식 요리를 할 줄 안다는 것에 자부심을 품고 있었다. 나는 나중에야 그의 자부심이 때로는 근거가 있음을 알아차렸다. 한국에 사는 유럽 상인이나 공무원들은 어쩌다 집을 비우게 되는 경우가 있는데, 그럴 때 그 집에서 일하는 하인들은 온갖 자유를 누리게 되는 법이다. 이때 유럽인 집에 고용된 요리사들(중국이나 일본인으로 한결같이 유럽 요리 전문가들이다)이 다이부토호텔에 임시로 고용되어 그 식당이 유럽 요리 명소라는 명성을 얻는 데 일조하게 된 것이다.

그러나 프랑댕은 "운 없게도 그 반대 시점에 호텔에 도착했던" 까닭에 "요리에 대해서는 차마 여기에 기록할 수 없을 지경"이라는 표현을 쓸 수밖에 없었던 것이다. 어쨌거나 '식당' 운운하는 것으로 보아 이 호텔에 분명 저들이 '커피나 홍차를 마실 만한 장소'가 있었으리라는 점을 추측할 수 있다.

음식이 잘 요리되어 입에 맞았다는 아펜젤러와 차마 기록할 수 없을 지경으로 형편없었다는 프랑댕. 극단적으로 상반되는 평가이기는 하나, 두 외국인의 글을 통해 우리는 이 호텔 안에 식당이 있었다는 사실을 확인할 수 있고, 이를 통해 실제에 근접한 유추(類推)를 얻을 수 있다. 즉, 한국 최초로 차를 판매한 장소, 그러니까 아주 원초적이라고 할 수밖에 없는 '호텔식 다방'이 여기 대불호텔 안에 존재했으리라는 그럴듯한 가설 말이다.

피아노가 있던 끽다실

대불호텔에 이처럼 다실 같은 공간이 있었음을 추측하게 하는 또 하나의 증거가 한국인의 기록으로 남아 있다. "대불호텔 이래 고식(古式) 피아노 한 대가 전하여 오고 있다"고 한 고(故) 최성연 선생의 저서 『개항과 양관 역정』의 기록이다. 대불호텔은 훗날 주인 호리 리키타로(掘力太郎)의 아들이 중국인에게 매각해 '중화루'라는 청요릿집으로 바뀌고, 그 '중화루'가 근래까지 영업했는데, 거기에 피아노가 한 대 전해 왔다는 이야기다.

어린 시절 나는 이 고급스럽고 값비싼 청요릿집에 한 번도 들어가 보지 못한 까닭에 그 유무를 확인할 수는 없지만, 얼핏 이 피아노에 대한 말만은 들은 기억이 있다. 1960년대 그 근처에 살던, 피아노를 잘 치는 I 여고 학생과 친숙하게 지냈다. 그녀가 이 피아노에 관해 '인천 최초의 외국제 피아노'일 것이라는 이야기를 해 주었던 것이다. 또 『개항 후의 인천 풍경』을 쓴 생전의 신태범 박사로부터도 이 피아노 이야기를 들은 바 있다.

아무튼, 여기서 대불호텔 피아노의 용도를 생각해 보지 않을 수 없다. 축음기가 없던 시절이었으니(축음기는 미국의 에디슨이 1877년에 발명해 대불호텔에는 아직 도입되지 않았을 것이다) 아무래도 식후의 여흥이나 여유 시간, 휴식을 위해 가볍게 연주하던 것이 아니었을까 짐작해 볼 수 있겠다.

커피나 홍차와 음악! 이 피아노만 가지고도 분명 호텔 안에 다방과 유사한, 차를 마실 수 있는 최소한의 '휴게실'이 있었을 거라는 심증이 간다. 물론 식당이 이 같은 기능을 겸했다 하더라도 대불호텔이 우리나라 최초의 '끽다실'을 보유한 최초의 호텔임은 변하지 않는다.

경인선 개통으로 인천의 호텔들은 설 자리를 차츰 잃고, 경성(서울)에 근대식 호텔들이 차례로 들어서게 되었다.
사진은 경부선 개통에 맞추어 조선총독부 철도국에서 세운 철도호텔(조선호텔)의 모습이 담긴 사진엽서이다.(사진 제공: 함태영)

대불호텔은 제물포 포구에 자리 잡고서 우리나라에 입국하는 외국인들을 상대하던 호텔이었다. 최성연 선생의 기록대로 당시 외국인들은 "한국을 찾게 되면 서울을 들러야 했고, 서울을 가려면 싫어도 인천에 상륙하게 마련이었다. 철도가 생겨나지 않은 그때는 부산이나 원산서 서울까지 보행으로 가지 못할 바에야 애당초 기선으로 인천에 닿는 것이 상책이었던 까닭"에 호텔은 번성을 누렸다.

그러나 서울행을 위해 하루 이틀 인천에 묵어가던 외국인들은 1899년 경인선이 개통되면서 당일로 기차를 타고 서울로 올라갔고, 그 때문에 호텔업은 수지가 맞지 않게 되었다. 이를 견디다 못한 리키타로의 아들이 1918년 무렵, 마침내 호텔을 중국인에게 매각해 버렸을 것이다.

이것은 결국, 우리나라 최초로 차를 팔던 '다실'의 종언(終焉)을 뜻한다. 이후 인천에서 더는 '다방', '다실' 같은 공공이 이용할 만한 '끽다장소'에 관한 기록을 찾아볼 수 없는 채로, 시간은 1930년대까지 흘러간다.

인천에 문을 연 최초의 모던 다방 '파로마'

멋쟁이 신사의 찻집

아쉽게도 인천 초기의 다방에 관한 기록은 전무하다시피 하다. 1932년에 일제가 간행한 『인천부사(仁川府史)』에 단 두 줄, 우리 기록으로는 인천의 원로로 의사이자 수필가요, 향토사가였던 고 신태범 박사의 저서 『개항 후의 인천 풍경』에 간략하나마 전한다. 일제의 기록은 모호하다. 그러나 신 박사의 글은 한국인에 의해 생겨난 최초의 모던 다방을 분명히 설명하고 있다.

『인천부사』는 뒤로 미루고, 우선 『개항 후의 인천 풍경』을 살펴보자. 비록 다방을 주제로 한 대목이 아니라, 당시 인천 사회 전반을 훑어가는 과정에서 지나가듯이 언급한 피상적인 기록이기는 해도, 인천에 근대식 모던 다방이 탄생했다는 '사실'이 확연히 보인다. 그것은 인천 땅에 최초로 생겨난 다방의 태생 연대를 알려 주는 단서가 된다.

학용품은 학교 정문 앞에 자리를 잡은 구멍가게에서 요즘의 편의점처럼 군것질거리와 함께 팔고 있었다. 고급 학용품과 사무용구를 파는 이림상회(박석근, 내동), 희문당(윤병희, 경동), 문운당(박정화, 경동) 등 문방구점이 등장했다. 희문당 주인은 어린이 손님에게 깍듯이 존댓말을 쓰면서 몹시 친절하기로 유명했고, 문운당 주인은 멋쟁이 신사로 이름이 나 있었다. 그는 역시 멋쟁이답게 싸리재 네거리 현재 상업은행이 있는 자리에 인천에서 처음으로 '파로마'라는 다방을 열어 인천 사람을 놀라게 했다. 당시 다방이란 서울에도 문화인들이 시작한 '멕시코-종로', '카카듀-관훈동', '낙랑-소공동' 등 몇 군데 안 되는 시기라 대단한 인기를 끌었다.

이 글에서 읽어 낼 수 있는 것 중 하나가 바로 다방 '파로마'의 개업 시기다. 내용 중에 보이는 '카카듀'가 1927년에, '멕시코' 다방이 1929년에 그리고 '낙랑'이 1931년에 생겨났음을 볼 때, 파로마의 개업은 아마도 1930년대 초반에서 그리 멀지 않은 때임이 틀림없다.

1918년 무렵 대불호텔이 청요릿집으로 바뀌면서 그나마 차를 팔던 공공의 '끽다' 장소가 인천 땅에서 사라진 지 10여 년 후의 '사건'이 되는 셈이다. 이 시기라면 다방 탄생에 관한 한 서울에 비해 그다지 크게 뒤처지지 않는 기록이라고 할 수 있다. 당시 서울이 약 30만, 인천이 3만을 넘어서고 있던 인구 비례를 따져 보더라도 '파로마'의 탄생이 매우 진취적이고 모험적이라는 생각이 든다.

아마도 당시 세간에서는 문방구점이 '문화 냄새' 짙게 풍기는 업종으로 치부되고 있었을 테고, 그런 면이 '멋쟁이 신사' 문운당 주인으로 하여금 모던 다방을 개업하게끔 심정적으로 자극했는지 모른다. 또 오늘날의 중구 경동, 그 당시 싸리재 네거리 '파로마' 다방 자리는 후일 상업은행 인천 지점(근래 철거되고 다른 고층 건물이 들어섰다)이 옮겨 올 만큼 번화했던 거리다. '인천의 명동'으로 불릴 정도로 목이 좋았다는 사실도 다방 개업을 부추기지 않았나 생각된다.

그러니까 '파로마'가 탄생한 정황은 서울에서의 다방 탄생과 거의 유사하다 할 수 있다. 서울의 가장 번화가인 소공동, 관훈동 등에 문화 예술인들이 다방을 개업했듯이 서울과 비슷한 입지인 인천의 요지 경동에 문운당 주인 같은 문화 예술인이 다방을 차린다! 거기에 인천 주재 언론사 기자들이나 내리교회를 중심으로 계몽 활동을 하던 인텔리 계층, 예술인, 관공서 직원 그리고 서울로 통학하던 얼마간의 경인 기차 통학생들과 그 졸업생 등을 주 고객으로 예상했을 것이라는 점!

그 당시 이들 인천의 신문 기자나 인텔리 문화 예술인들의 활동에 대해서는 작고한 고일 선생의 『인천석금(仁川昔今)』에 비교적 자세히 나와 있어 이 같은 추측을 뒷받침하기에 충분하다.

그렇더라도 인천은 서울과 분위기가 다를 수밖에 없었다. 서울에서처럼 해외 유학파들이 득실거리고 있다거나 또 서울에 비교할 만큼 다수의 문화 예술인 그룹이 여기저기 포진해 있던 것도 아니었으니, 고객이 한정될 수밖에 없었으리라. 그럼에도 근대적 모던 다방이 생겨났다는 것 자체가 자못 이채롭다.

중구 경동 싸리재 네거리. 오른쪽 건물이 파로마다방이 있던 자리이다.

더듬을 길 없는 인천의 다방 풍경

'파로마'를 언급한 또 하나의 책 『인천사진문화사(仁川寫眞文化史)』를 살펴보자. 1968년에 발간된 이 책은 의사이자 초기 인천 사진 예술계의 중추였던 사진작가 이종화 선생의 저서다.

해방 후 처음으로 한국인만으로 사진 서클이 조직된 것은 1946년 5월이었다. 인천 시내 파로마다방에서 첫 회합을 가지고 제물포사진 동지회를 조직하였다.

이것이 전부다. 이 글에 언급한 다방이 문운당의 신사 박정화가 개업한 '파로마'를 지칭하는 것인지는 확실하지 않다. 더욱이 이 기록은 당시 사진작가들의 회합 장소로 겨우 이름 한 번 나오고 마는 매우 소략한 것이다. 하지만 만약 여기 나오는 '파로마다방'이 박정화의 그 '파로마'가 확실하다면, 적어도 1946년 5월까지는 '파로마'가 유지되었다는 결론이 나온다. 다방으로서 수명을 최소한 10년은 넘긴 셈이 된다.

그런 면에서 만약 이종화 선생이 '인천 시내'라는 불명확한 표현 대신 동명(洞名)이라도 붙여 썼더라면 이 기록의 가치가 더 컸을 거라는 아쉬움이 남는다. 그러나 책을 출간한 때가 1968년 12월이니, '파로마'의 시대와는 이미 20년 이상의 시간적 상거(相距)가 생긴 셈이고, 그간에 선생의 기억이 희미해졌을 수도 있었을 것이다.

이렇게 인천의 근대 다방의 역사를 짚어 보니 좀 의아하게 생각되는 부분이 있다. 신태범 박사보다 9년이나 연배이고, 또 1920년대 이후부터 광복 전후의 시기까지 인천 사회 각 분야에 관해 실로 다양한 글을 써서 『인천석금』으로 남긴 고일 선생이 어쩐 이유에서인지 '파로마'에 관해서는 단 한 줄도 남기지 않았다는 사실이다.

『인천석금』에는 당시 문방구점들을 설명하고 있는 '인천의 옛 저자거리와 점포' 편이 있다. 그런데 유독 다방 '파로마'를 개업한 문운당만은 제외한 채 다른 문방구점 이야기만 하고 있다. 그 까닭을 마음대로 단정할 수는 없지만, 박정화와 고일 선생이 피차 무슨 불편한 관계에 있었거나 아니면 글로 기록 못 할 다른 어떤 사연이 있었던 것이 아닌가 싶다.

과문한 탓인지 모르나, 이 두 글 외에 다방 '파로마'에 대해서 쓴 어떤 기록도 현재까지 확인할 수 없음을 고백한다. 하다못해 한두 마디 흘러 다니는 구전(口傳)조차도 들을 수 없는 실정이다. 하기야 웬만큼 긴요하지 않은 한, 누군들 다방에 관해 일없이 기록을 남기고, 이야기를 전할 까닭이 없을 것이다.

이렇듯 '파로마' 다방에 관해 상세히 알 수 없다는 말을 하면서도, '파로마'에 관한 상상은 멈추지 않는다. 다방 이름 '파로마'의 원명은 에스파냐 어 'Paloma'로, 1830년대에 작곡된 노래 「라 팔로마(La Paloma)」에서 연유했을 것이라 짐작해 본다. 「라 팔로마」는 '쿠바의 아바나 항구를 떠나는 배에 실린 비둘기를 통해 자신의 순정을 보내는 한 남자의 구구절절한 연정(戀情)을 표현한 노래'로 알려져 있다.

모르기는 해도, 항도 인천 최초의 다방을 '파로마'로 작명한 이 '신사'의 심중에도 '연정과 낭만'이 있었을 것이다. 그리 생각하니 그 심중의 떨림이 지금 가슴 가득 차오르는 느낌이다. 그는 과연 어떤 사람이었을까. 그리고 이 인천 모던 다방의 선구(先驅)는 어떤 식으로 생겨나 또 어떤 식으로 퇴장했을까. 저간의 사정이 궁금해도 이제는 당시를 여쭙고 자문을 들을 고로(古老)조차 한 분 계시지 않는다.

이제 서두에서 미루어 두었던 『인천부사』의 기록을 잠시 살펴보자. 이 책은 1933년 개항 50년을 맞아 일제가 한껏 자랑해 만든 인천 백서(白書)이자 역사책이다. 다방에 관해서는 기록이 아주 간단해서 제13편 제2장 제3절 '여관 및 요리점' 항목에 용리(중구 용동)의 '소성다방'

중구 중앙동에 현존하는 찻집 푸코의 간판(위)과 실내 풍경(아래)

과 중정(관동 2가)의 '예기다방' 두 군데만 말하고 있을 뿐이다. 특히 '소성다방'은 '조선인 대상'이라 적었고, '예기다방'에 관해서는 대뜸 "요즈음 신시대의 산물인 카페의 출현은 다른 도시와 같은 현상으로 상당한 기세로 증가하여 바로 21곳이 생겨났다"고 앞뒤 없이 기술하고 있다.

자세한 설명이 없어서 '소성다방'은 누가, 언제 개업했으며, 과연 이것이 '파로마'와 같은 근대식 다방이었는지, 또 '예기다방'은 정통 다방이 맞는지, 다방이었다가 그 무렵 유행을 타 카페 형태로 전향한 것인지, 또 카페가 21곳이나 생겼다고 하는데 과연 인천 어디에서 그렇게 많은 카페가 영업했는지, 자못 의아스러운 구석이 많다. 이 모두 사회 풍속사 측면에서 연구가 있어야 하리라.

광복과 6·25 전쟁 시기의 다방들

격변기 뒤 낭만으로의 회귀

소설가 이상이 다방 '제비'를 개업하던 1933년을 전후하여 서울에서는 영화·연극인, 화가, 음악가, 문인 들이 수많은 다방을 열었다. 그리고 이 다방들은 각자 특색을 자랑하며 이른바 '다방 문화'를 꽃피웠다. 이 시기는 '문화 다방 전성기'라고 할 정도로 '러시아풍'이니 '불란서풍' 또는 '독일풍'이니 하는 특색 다방들이 유행했다. 또 문화 예술을 향유하는 장소로서 '음악 감상 전문' 다방이나 매주 '정규 음악회를 개최하는' 다방 등이 생겨나 저마다의 개성을 발휘했다.

그러나 광복과 6·25 같은 사회 격변을 거치면서는 다방들이 가지고 있던 종래의 문화적인 멋은 점차 사라지고 상업화의 길을 걷게 된다. 그렇다고 다방의 문화 공간적 성격이 일시에 사라진 것은 아니다. 전쟁으로 많은 문화 시설이 파괴되면서 일부 다방은 오히려 문화 활동의 장으로서 더욱 중요한 위치를 차지하게 되었다. 그 같은 상황을 『한국민족문화대백과사전』은 다음과 같이 적고 있다.

> 8·15 광복과 6·25 전쟁의 혼란기를 겪으면서 앞서의 멋은 점차 사라지고 상업 다방으로 변화하는데, 6·25 전쟁 직후 전쟁으로 문화 시설이 부족해지자 다방이 차를 마시고 쉬는 장소에서 더 나아가 종합 예술의 장소 구실을 하기도 하였다. 당시의 문화 활동은 다양하여 그림 전시회, 문학의 밤, 영화의 밤, 출판 기념회, 환영회, 송별회, 추모회, 동창회, 강습회 등이 다방에서 열렸다.

한편으로 광복과 6·25는 우리 사회에 다방이 폭발적으로 늘어나게 하는 기폭제 구실을 했다. 그 까닭을 어렴풋이나마 짐작해 보자. 우선 일제 강점기 말, 극도로 위축되었던 사회가 광복으로 활기와 희망을 찾으면서 사람들은 1930년대의 낭만적인 분위기를 불러오고 싶었을 테고, 이러한 욕구가 다방 재건으로 이어졌을 수 있다. 6·25 이후에는 전쟁이라는 극한의 절망과 허무를 딛고 살아남은 사람들이 삶을 확인하고 위안하는 심리적 장소로 다방을 찾으면서 그 수가 폭발적으로 늘어났을 법하다.

통계에 의하면 1944년 60개소이던 서울의 다방이 1955년에는 무려 5배에 가까운 286개소로 늘어난다. 1953년 7월 24일 자 「동아일보」는 "1·4 후퇴 당시 59개소였던 다방은 그해 말에는 78개소, 1952년 말에는 99개소, 지난 6월 말 현재 무허가를 합쳐서 배가 넘는 123개소, 곧 64개소가 증가해 '는 것은 다방뿐'이라는 말까지" 생겼다는 기사를 싣고 있다.

이런 현상은 서울만이 아니라 전국 대도시에서 공통으로 일어났다. 특히 6·25 이후에는 피난민, 이주민이 도시로 몰려듦으로써 거대 도시화가 이루어지고, 그에 따른 개인 생활의 변화로 교제 범위가 넓어지면서 다방 수요를 늘렸을 것이다. 또 한편, 많은 인구가 뒤엉켜 사는 도시 생활의 극심한 피로와 고달픔을 위로하는 휴식의 장소로서도 다방이 주목을 받았을 것이다.

'낙랑', 인천 미술인의 둥지

광복 이후의 인천 상황은 어땠을까? 1930년대 초반을 멀리 지나지 않아 '파로마' 다방이 인천에 탄생한 이후, 광복과 6·25 전쟁을 관통하는 동안, 인천의 다방에 관한 기록은 거의 없다. 몇몇 다방의 이름이 『인천시사』에 보이기는 하지만, 달랑 이름만 등장할 뿐, 위치나 분위기, 소유주 등 다방 전반에 관한 이야기는 없다.

> 1940년대 초반 암울하던 식민지 시대 말기, 더구나 일제가 전쟁에 광분하던 시절, 이들 화가는 이무영이 경영하던 '낙랑다방'을 활동 근거지로 삼았다(이 다방은 전시장도 겸했다고 전한다).

광복 이듬해인 1946년 12월, 최초의 순수 미술인 단체로 '인천미술인동인회'라는 그룹이 탄생했다. '세루팡'이라는 다방에서 모임을 한 창립 동인은 이건영, 최석재, 김순배, 김찬희 등이며 임직순, 김기택 등도 참여한 것으로 전한다.

이것이 두 다방 이름이 등장하는 시사(市史)의 기록이다. 예술인의 '활동'에만 초점을 맞춘 까닭에 다방에 관해서는 별다른 언급이 없다. 그러나 여기서 우리는 재미있는 사실을 하나 발견할 수 있다. '낙랑(樂浪)'의 주인인 화가 이무영도 서울의 경우처럼 자신이 직접 다방을 경영했다는 점이다. '낙랑'이란 이름도 건축가 이순석의 '낙랑파라'를 본뜬 듯하다. 다방 성격도 그와 비슷해 인천 미술인의 문화 아지트 구실을 했고, 결국 인천예술인협회 조직의 현장이 되었던 것이다.

나와 문총 시절을 말하기 전에 인천예술인협회를 먼저 살피는 것이 순서인 줄 안다. 왜냐하면 예협은 문총의 모체가 되었고, 해방 후 인천에서 처음으로 문화 예술인을 총집결시켰던 단체였고, 예협에 대한 자세한 기록이 남아 있지 않기 때문이다.

1948년 당시 신포동에 양화가 이무영 씨가 경영하던 낙랑다방이 있었다. 이때만 해도 인천에 다방이라고는 몇 군데 안 되었고, 다방 낙랑은 일명 '화랑 다방'으로도 불리었다.

다방의 흰 벽에는 이 씨의 작품과 친구의 작품이 늘 전시되어 있었고, 은은히 흘러나오는 고전 음악은 문화인들의 조용한 휴식처로 알

등대다방 자리. 등대다방은 중구 신포동 19번지,
옛 동방극장 지하에 인천 출신 탤런트 최불암의 모친 고 이명숙 씨가 운영했다.

맞은 분위기를 만들어 주고 있었다.

인천 사정에 어두웠던 나는 이경성, 현송, 조수일 씨 등을 통해 이 다방에서 새로운 교우 범위를 넓혀 나갔다. (중략)

낙랑다방에 모이던 우리는 흩어져 있는 인천의 예술인을 규합하기 위하여 인천예술인협회를 조직하기로 합의하고 우선 내가 발기인 조직에 나서기로 했다.

위의 인용문은 1946년 상해에서 귀국한 고여(古如) 우문국 선생이 인천에 정착하면서 문화 예술계에 투신한 뒤의 행적을 기록한 회고기 「나와 문총 시절」의 일부분이다. 고여 선생이 인천문총을 결성하기에 앞서 그 모체인 인천예술인협회를 조직하고자 '낙랑다방'을 중심으로 활동하던 내용과 함께 다방에 관한 몇 가지 중요 정보가 담겨 있다. 이 다방의 별명이 '화랑 다방'이었다는 것, 특히 벽에 그림을 전시하고 고전 음악을 틀었던 것 등 전체적인 분위기가 영락없이 1930년대 유행한 서울의 모던 다방풍이라는 사실이다.

대략 1940년 전후 탄생한 것으로 보이는 이무영의 '낙랑다방'은 '파로마'의 뒤를 이은 또 하나의 인천 모던 다방의 맥이었다고 할 수 있을 것이다. 그러나 '낙랑다방'은 곧 기록에서 사라지고, 전쟁 중인 1952년 무렵에는 신포동 옛 동방극장 지하의 '등대다방'이 문총 회원들의 주 회합 장소로 등장한다.

그다음, 틀림없는 일본식 발음일 성싶은 다방 '세루팡'은 오직 이름뿐, 그 외의 사항은 전혀 기록이 없다. 그 밖에는 전편에서 언급한 예의 제물포사진동지회 결성이 1946년 5월 '파로마' 다방에서 있었다는 기록으로 한 번 더 '파로마'의 존재를 확인할 수 있을 뿐이다. 이렇듯 해방 공간 인천의 다방 풍경은 더 확인할 길이 없는 채 6·25를 맞는다.

고단한 시대의 위안

1950년대 초, 6·25 전쟁 3년간의 기록은 더더구나 남아 있지 않을 것이다. 유일하게 1951년 12월 하순 무렵, 인천의 한 다방 풍경을 당시 「자유신문」이 '외상에 녹는 다방'이라는 제목 아래 씁쓸하게 그리고 있을 뿐이다.

인천의 유일한 다방 밀림(密林)은 쌓이고 쌓인 외상값으로 문을 닫게 되었다고 한다. 하루 일을 마친 고달픈 몸을 식후에 다방 소파에

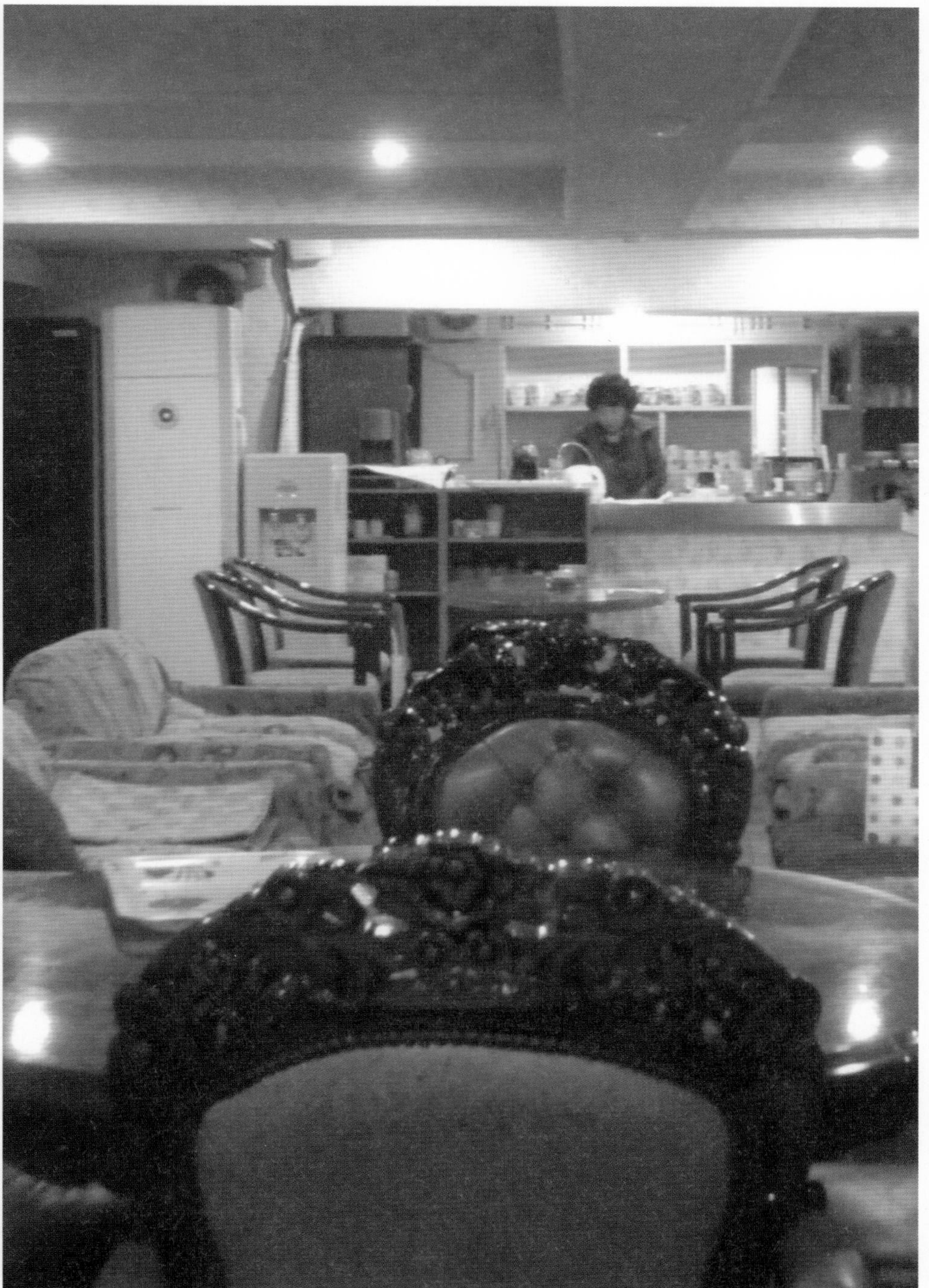

싸여 지내자는 것이 소위 신사숙녀의 미워하지 못할 심정이지만, 그래도 찻값쯤은 준비하는 것이 신사 체면도 되겠는데, 사실은 그렇지가 않은 모양. 군복 입은 정체 모를 문관과 군속들 족속이 대부분 이 부류에 속해 더 한심하다고 주인 마담이 비명을 올리고 있다.

기사 첫머리, "인천의 유일한 다방"이라는 표현이 좀 갸우뚱하게 하지만, 전쟁 중이어서 아마 다른 다방들은 다 폐업한 채였고, 이 다방만 홀로 문을 열었기 때문에 기자가 '유일한'으로 쓴 것이 아닐까 싶다. 이 '밀림다방' 기사를 읽으며 문득 1950년대 중반 어린 시절, 외가 상점에서 종종 보았던 이 비슷한 전시(戰時)의 혼란과 무질서를 다시 떠올려 본다. 이 다방이 언제까지, 어디에 있었는지 지금은 고증(考證)하는 사람이 없다.

전쟁 중이나 그 직후의 다방들은 사회로부터 고등실업자, 즉 '룸펜'의 집합소라는 부정적인 지적을 받기도 했다. 그러나 이런 비판 속에서도 다방은 무수한 사람이 무시로 드나드는 사교 장소로, 또 삶의 정보를 교환하는 시장으로, 또 한편 휴식의 공간으로, 서민 생활에 한 걸음 더 바짝 밀착해 있었던 것이 사실이다. 이는 곧 '시대의 불안과 생활의 과로'가 '너, 나를 불문하고 다방 구석으로' 끌어들였다는 말로 풀이할 수 있지 않을까.

참고로, 휴전 이듬해인 1954년 인천의 다방 현황을 살펴본다. 이 자료는 1955년에 발간된 『인천연감』의 기록이다.

여심(餘心) 중앙동 23, 춘원(春園) 신포동 30, 향악(香樂) 중앙동 4가 1, 청파(淸波) 인현동 23, 유토피아 신포동 30, 르네상스 신포동 26, 호수(湖水) 관동 3가 5, 칼멘 신포동 26, 고향(故鄕) 신포동 26, 청탑(靑塔) 신포동 19, 캐러밴 내동 〈번지 불명〉, 장안(長安) 인현동 1, 소원(笑園) 용동 120, 등대(燈臺) 신포동 19, 서울 용동 14, 월광(月光) 인현동 24, 용궁(龍宮) 인현동 74, 소라 중앙동 4가 1, 대지(大地) 경동 238, 심원(心園) 중앙동 4가 6, 목연(牧燕) 인현동 76, 희망(希望) 신포동 17, 담담(淡淡) 용동 239

이상이 당시 인구 26만 6천여 명이던 인천에 소재한 다방 전체다. 혹 빠진 것이 있다면 그것은 무허가 다방이었을 것이다. 아무튼, 당시 인천의 중심지답게 총 23개 업소가 모조리 중구에 몰려 있었음을 알 수 있다. 특히 8개 업소가 모여 있던 신포동은 '다방 거리'라고 불렸을 정도로 당시의 번화(繁華)를 짐작하게 한다. 더불어 '파로마'나 '낙랑', '세루팡' 같은 다방 이름이 어느 틈에 사라지고 없음도 이 자료를 통해 알 수 있다.

1950년대 말, 문화 예술인과 다방

문턱 낮은 전시 공간

당시의 인천 화단은 동면 상태에 있었고, 신생동에서 낙랑다방을 경영하던 이무영 씨가 자신의 작품을 다방에 진열하여 상설 화랑과 같은 분위기를 자아내, 그만 해도 인천에 몇 군데밖에 안 되는 다방 중에서 예술인들이 가장 많이 모이는 곳으로, 이곳에서 예술인협회 창립에 대한 의견이 꽃을 피워 드디어 1949년 8월 6일, 인천 미국공보원 홀에서 결성을 보았다.

이 글은 우문국 화백이 1971년 『월간 인천』 4월호에 기고한 「나와 인천예술인협회 시대」의 일부분이다. 앞서 인용한 글에서도 이 같은 내용을 확인할 수 있었지만, 다음 이야기를 이어가기 위해 다시 글을 옮겼다. 그 이야기인즉, 기록상 '낙랑다방'이 인천 최초의 문화 예술인 다방이자, 예술 행사를 연 '예술 판'으로 등장한 후, 인천의 다방들이 잇달아 예술인 고객을 위한 공간을 제공했다는 것이다.

그러나 '낙랑다방'은 이 무렵을 마지막으로 예술인들과 더는 관계를 맺지 않은 것 같다. 예술인들의 기록에서 사라지기 때문이다. 본격적인 모던 다방으로서는 인천의 효시라고 할 수 있었던 '낙랑다방' 시대가 종언을 고한 것이다. 그러나 '낙랑다방'은 1950년 초까지는 건재했던 것으로 보인다. 「대중일보」 1950년 1월 6일 자 2면 '신춘 다방 탐방'란에 "예술인의 집으로서, 향그러운 커피로서, 왕위를 차지했다 하던 고전파 낙랑!"이라는 한껏 멋 부린 구절과 함께 여전히 이름이 보이기 때문이다.

그러던 '낙랑다방'이 종적 없이 사라진 것은 6·25가 직접적인 원인이 아니었을까 싶다. 전쟁 중에 건물이 소실되었거나, 주인 이무영의 신상에 무슨 일이 생겼거나……. 이렇게 추측하는 것은 「대중일보」 기사 이후 그 이름을 전혀 볼 수 없기 때문이다. 물론 이보다 4년 뒤인 1954년 자료에도 보이지 않는다. 그러니 '낙랑다방'은 6·25 중에 사라진 것이 분명하다.

> 개인전으로는 8월에 필자의 테라코타 향사(鄕士) 인형전이 등대다방에서 열리었다.

「나와 인천예술인협회 시대」에서 발췌한 이 문장 속에는 이렇게 '낙랑다방' 대신 '등대다방'이 예술인의 아지트로 등장한다. 여기서 말하

1952년 8월, 등대다방에서 열린 테라코타 향사 인형전. 맨 오른쪽이 우문국 화백이다.

는 8월은 1952년의 8월이다.

아무튼 '등대다방'은 신포동 19번지 옛 동방극장 지하에 있었다. 애초 인천 출신 유명 탤런트 최불암 씨의 모친인 고 이명숙 여사가, 1948년 남편 최철이 사망하자 이 극장 지하에 '등대뮤직홀'이라는 음악다방을 열었다는 이야기가 전한다. 그러나 실제는 1949년 11월쯤 되는 듯하다. 역시 「대중일보」는 1950년 1월 17일 자 지면에 "쥐만 알게 나타난 지 겨우 두 달" 운운하며 '등대다방'을 소개하고 있기 때문이다. 여기서 '등대뮤직홀'이니 '음악다방'이니 한 것은 근래 최불암 씨가 들려준 말로, 실제로는 '등대다방'이 맞는 명칭이다.

이명숙 여사는 1951년 1·4 후퇴 때 부산으로 피난한 후 서울에 정착하여 1955년부터 서울 명동에 술집 '은성'을 열었다. 이로 짐작건대

1952년 8월의 '등대다방'은 이미 다른 사람이 경영하고 있었던 것으로 보인다. 그렇더라도 우문국 화백이 후일 회고담을 쓰면서 최철에 대해 한마디도 언급하지 않은 것은 의아하다. 최철은 인천 최초의 영화 제작자로서 「수우」, 「여명」 같은 영화 작품을 남긴 사람이다.

이쯤에서 앞서 말한 '신춘 다방 탐방'에 실린 몇몇 다방을 잠시 짚고 가자. 여기에 소개된 다방들은 적어도 1940년대 후반 즈음에 생긴 것으로 보인다. 기사 순서대로 보면 "인천각(仁川閣)이 올려다보이는 그 밑"에 자리 잡은 '미락다방'이 있고, 1월 8일 자에 실린 "1949년 만추(晩秋)부터 1950년에 걸쳐 신예 납인형(蠟人形) 매담 연출로 제작된 신판 '미모사'"도 있었다. 그리고 '오아시스다방'과 '고향다방' 순인데, '고향다방'은 1954년 자료에도 보인다. 끝으로는 '행복다방', '항구다방'이 그 뒤를 잇는다.

미술계에 다방이 없었다면

휴전 후 인천의 다방들이 모조리 예술인만 수용한 것은 아니지만, 그래도 상당수 다방이 '주 고객인 예술인이 활동을 펼칠 수 있도록 공간을 제공'하거나 후원자로 나섰다. 「나와 인천예술인협회 시대」를 보자.

> 다음 해인 1953년은 이렇다 할 행사가 없이 넘어갔다. 이것은 자유예연(自由藝聯)이 분열 반목한 탓이라고 본다.

1954년 초여름 필자와 몇몇 회원의 주선으로 자유예연으로 갔던 김찬희 씨를 다시 미협 지부장으로 선출하고 분열의 종지부를 찍고 단합된 미협전을 금융조합 2층에서 가졌는데, 이때 지금은 서울로 간 여장부 허영렬 양이 출품하여 이채를 끌었고 10월에 한봉덕 유화 개인전이 호반다방에서 열리었다.

어느 사회나 다 같지만, 예술인의 휴식처와 집회 장소는 다방이다. 그들은 오래 한곳에 머무르지 않고 철새처럼 이곳저곳으로 옮겨 간다. 그동안에 인천미협 회원들의 지나온 길을 살펴보려면 전시장의 이동 형태를 보면 알 수 있다.

이해 10월에 필자의 제1회 유화 개인전을 다방에서 가졌다. 이때를 유토피아 시대라고 할까, 인천문총 회원들은 주로 유토피아다방에 모였으며 미술전, 시화전 등의 행사로 활기를 띄웠다.

"어느 사회나 다 같지만, 예술인의 휴식처와 집회 장소는 다방이다. 그들은 오래 한곳에 머무르지 않고 철새처럼 이곳저곳으로 옮겨 간다. 그동안에 인천미협 회원들의 지나온 길을 살펴보려면 전시장의 이동 형태를 보면 알 수 있다"는 말이 참으로 재미있다. 이 솔직한 표현 속에 당시 문화 예술인의 행태가 보이는 듯하다.

그래서 '낙랑'을 거치고 '등대'를 지나 1954년 10월, 우문국 화백은 마침내 "이때를 유토피아 시대"라고 선언한다. 모든 문총 회원이 신포동 30번지, '유토피아'를 아지트로 삼아 미술전, 시화전 등의 행사로 활기를 띠었던 시대다. '유토피아'에서는 인천문학가협회의 시화전이 열리고, 각종 미술 전시 행사가 열렸다. 더불어 문화 예술인의 아지트답게 다방이 '음악 발표 연주회' 같은 행사의 후원자로도 나선다. 여기에는 '심원', '용궁' 등 1950년대 중반의 예술인 다방들도 합세한 기록이 있다.

특히 '유토피아'는 후원 광고를 할 때 '문화인의 집'이라는 문구를 꼭 넣고 '토요일 밤에는 음악 감상회'가 열린다는 선전을 빼놓지 않았다. 그러나 우문국 화백의 글에 보이는 '호반다방'은 1954년도 「인천시 다방 요람」에 이상하게도 이름이 빠져 있다.

7월에 제3회 미협전이 시립박물관 전시실에서 열리었는데 유화 부

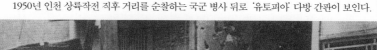

1950년 인천 상륙작전 직후 거리를 순찰하는 국군 병사 뒤로 '유토피아' 다방 간판이 보인다.

문에 유희강, 한홍길 씨, 서예에 금성순 그리고 찬조 출품으로 고의동, 배렴, 배길기, 정우, 일진 여사 등의 작품이 전시되었고, 유토피아다방에서는 9월에 유희강, 황추, 우문국의 양화 삼인전과 10월에는 박영성 씨가 유화, 수채화, 크레파스화를 가지고 개인전을 열었고, 김찬희 씨가 서울 미국공보원 화랑에서 개인전을 가졌다. (중략)

1958년은 인천미협 회원 간에 화목을 이루어 개인전 또는 그룹전으로 꽃을 피웠다. 6월에 월남 재경 작가 박성환 씨 유화전이 당시 항도백화점 2층인 항도다방에서 첫 테이프를 끊자, 7월 같은 장소에서 황영희 양 외 13인의 제1회 소묘전과 역시 7월에 미원다방에서 필자의 제2회 유화전과 김찬희 개인전이 전후해서 열렸고, 10월에 한홍길 개인전이 신포동 창고 같은 건물에서 열렸다.

가을에 들면서 9월에 이규선, 조평휘, 이철명, 김종옥 4인의 공고 졸업생 미술전과 11월에 이명구 유화전, 재경 작가인 청강 김영기 동양화전이 각기 항도에서 열리고, 「경인일보」 주최로 현대 작가 초대전이 호수다방에서 열렸고, 12월에 미협 회원들의 한미 친선 미술전을 월미도 미군 서비스 클럽에서 가졌다. 이상과 같이 이해 미술인들은 항도와 미원 다방을 오간 것으로 되어 있다. (중략)

1959년 3월 김종휘 씨의 수채화전이 항도다방에서 막을 열고 다시 가을에 금잔디다방에서 유화와 수채화를 겸한 개인전을 가져 그의 정력의 도를 보여 주었고, 이보다 앞선 2월에 금잔디에서 이규선, 이철명 양인의 동서양화전 그리고 같은 곳에서 이영식 동양화전이 12월에 있었으며, 필자의 제3회 유화전이 강화문화원 초청으로 5월에

상록수다방에서 있었다. (중략)

이렇듯 5·16 혁명 전까지는 유토피아, 항도, 금잔디, 미원, 은성 다방의 시기로 나눌 수 있다.

역시 우문국 선생의 기록이다. 1950년대 인천 미술계의 발자취를 살필 때, 마치 모든 미술 활동이 다방에서 이루어진 것 같은 느낌이 들 정도로 인천의 다방들이 전시 공간 역할을 톡톡히 했음을 알 수 있다. 여러 예술 장르 중에서도 미술 분야만큼은 다방이 이처럼 긴요한 전시장이 아닐 수 없었던 것이다. "이 시기의 수련으로 검여(劍如) 같은 대가와 기외(其外)의 중견 작가가 배출되었다"는 우문국 화백의 말대로라면, 당시 다방들을 오늘날의 인천 미술을 있게 한 공로자라고 해야 할 성싶다.

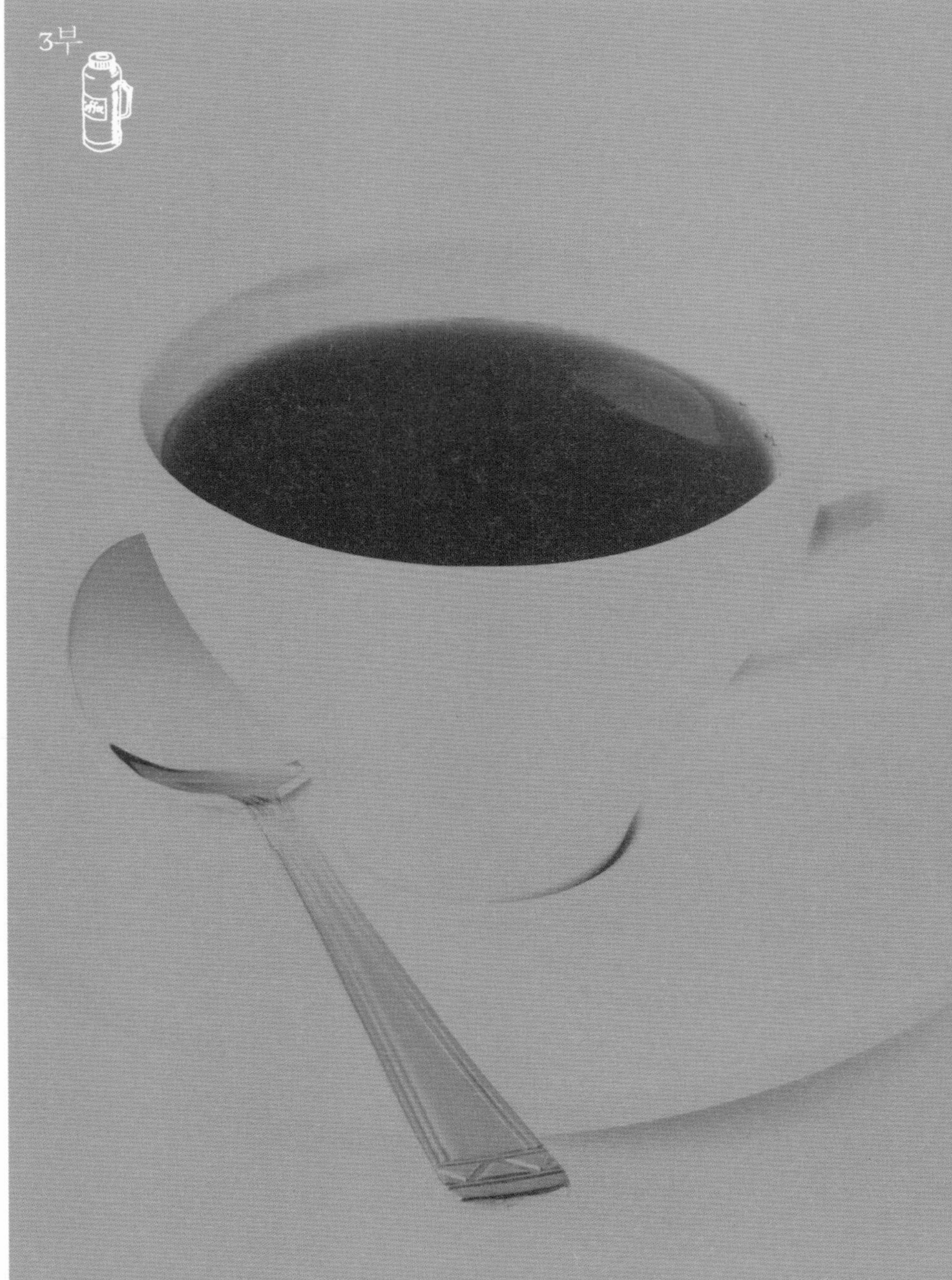
3부

• 다방 전성시대가 열리다

• 작지만 맵시 있는 다실 '은성다방'

• 젊은 예술가를 성원한 '은성'의 여인들

• '은성다방' 시대, 막을 내리다

• 방과 후 찾아드는 젊은이의 양지

• 어쩌면 그것은 위장된 문화적 욕구

• 그 시절 다방, 아련한 이름들

• 다방의 특이한 메뉴 '깡티·위티'

1960년대 다방과 문예 중흥 시대

1960년대 후반에 이르면
다방은 그야말로 '거리의 공원',
'거리의 응접실'로서 전국에 유행처럼 늘어나,
인천에도 이미 100여 곳이 넘었다.

다방 전성시대가 열리다

손님 얘기 들어 주던 '아네모네의 마담'

다방에 관해 남은 기록이라고는 문인 등 주로 문화 예술인이 쓴 글뿐이어서 일반인의 다방 출입이나 그와 관련된 내용은 거의 알 길이 없다. 그리고 실제 1960년대가 되도록 일반인의 다방 출입은 그리 많지 않았다. 여기에는 다방이라는 '모던 공간'이 우리나라에 처음 생겨날 때부터 문화 예술인이 중심이 되었던 까닭도 있었을 것이다.

그러나 다방이 생기고 6, 7년이 지나 1940년대에 가까워지면서 서울에서는 총독부 관리, 일본인, 기생, 은행원, 회사원, 대학생 남녀 등 일반인으로 손님층이 넓어진다. 물론 이때에도 드나드는 손님의 취향에 따라 '문화 다방'과 '일반 다방'으로 구별이 있기는 했다.

이러한 현상은 인구가 많은 서울에서야 비교적 빨리, 넓게 번졌을 터이지만, 인천은 사정이 달랐다. 알려진 대로 1930년대에는 '파로마' 다방 하나뿐이어서, 1946년 5월에 그곳에서 제물포사진동지회를 조직했다는 기록을 찾을 수 있을 뿐이다. 그나마도 같은 다방인지 명확하지도 않다. 그러니 그 시절 일반인의 다방 출입 자료에 대해서는 더욱 암중(暗中)을 헤매는 꼴이다.

이후 다방은 광복과 6·25를 거치는 동안 크게 변모해 간다. 그동안 예술인을 위한 공간으로서, 문화 예술의 현장이 되고 배경이 되었던 다방. 그러나 이제는 완전히 성격이 바뀌어 일반 대중이 무시로 드나드는 공공 출입처요, 또 만인의 응접실이 되어 가는 것이다.

그러니까 1950년대의 다방이 '전쟁이라는 극한의 절망과 허무를 딛고 살아남은 사람들이 삶을 확인하고 위안하는 심리적 장소'였다면, 1960년대에는 '나라 살림이 여전히 피폐한 시절, 수많은 무직자가 답답한 집을 빠져나와 갈 데 없이 모여드는 집합소'로 변화했다고 할 수 있다. 물론 시내 몇 군데에 일부 '문화 다방'이 여전히 존재하기는 하면서.

이런 과정을 거쳐 1960년대는 말 그대로 다방 전성시대를 이룬다. 더불어 다방 경영 체제가 눈에 띄게 달라진다. 앞에서 언급한 대로, 초창기 서울의 다방은 이경손, 이순석, 이상을 비롯해 유치진이나 영화배우 김용규, 심영 같은 남성 문화 예술인이 직접 운영했다.

그러다가 몇 년 지나지 않아 운영 주체가 여성 문화 예술인으로 바뀐다. 그때 등장한 인물들을 '다방 2세대'라고 부를 수 있겠다. 물론 시간적 세대 개념이 아니라 경영 체제 변화를 구분하는 개념이다. 대표적인 다방 2세대 여성으로는 1930년대 중·후반에 등장한 영화배우 복혜숙(비너스), 영화배우 김연실(낙랑파라), 연극배우 강석연(모나리자) 등이 있다. 그리고 1940년대에 들어 여류 수필가 전숙희, 소설가 손소희 등도 다방 개업 대열에 합류한다.

인천 역시 '파로마' 다방 운영자가 문방구점 주인 박정화였고, '낙랑다방' 창업자가 화가 이무영이었음을 기억할 것이다. 그러나 인천에서는 여성 문화 예술인이 1세대의 뒤를 이은 기록이 없다.

어쨌든 이처럼 남성 예술인에서 여성 예술인으로 넘어간 다방 경영 주체가 1950년대를 거쳐 1960년대에 접어들면서 완전히 맥을 달리하게 된다. 여성 문화 예술인도 경영에서 물러나고, 자본 투자자인 여주인과 다방 일선을 책임지는 마담, 레지 등속의 체제로 확 바뀌는 것이다.

> 1960년대 이후의 다방은 그전과 달리 지식인 계층의 남자 주인 대신에 장삿속이 밝은 여주인이 얼굴마담과 레지, 카운터, 주방장 등을 데리고 경영하는 체제로 변모하였으며, 이전보다 규모가 커졌다. 그러면서 시내 중심가에서 점차 주변과 외곽 지역으로 확산이 이루어진다.

『한국민족문화대백과사전』에 나오는 구절이다. 이것이 1960년대 다방이 본격 상업 경영의 채비를 차려 나가는 과정이다. 다방은 이제 '장삿속이 밝은 여주인'이 '다방의 얼굴'이라고 하는 얼굴마담, 즉 '가오 마담'을 두고, 미모와 교태를 지닌 두어 명 레지 아가씨들로 하여금 손님의 대화 상대가 되어 차를 나르며 시시콜콜한 시중을 들어 주도록

崇德廣業

하는 경영 체제가 된다.

그리고 또 하나 달라진 점이 있다. 초창기 다방에는 이헌구가 「보헤미앙의 애수의 항구, 일 다방 보헤미앙의 수기」에서 "다방 낭(娘) 또는 다방 아(兒)"라고 지칭했던 대로 차를 나르는 사람이 사내아이 또는 나이 어린 여자애였다. 그러던 것이 1950년대를 지나면서 성숙한 여종업원, 레지로 바뀐 것이다. 이 밖에 카운터를 보는 여종업원, 일명 '카운타'와 차를 끓여 내는 주방장이 따로 있었다는 점도 눈에 띄는 변화다.

'마담'이란 호칭은 성 뒤에 붙여 '김 마담', '이 마담' 하는 식으로 불렀는데, 이것은 2세대 다방 때부터 주인을 '매담'으로 부르던 '모던한 뉘앙스'의 흔적이었을 것이다. 소설 「아네모네의 마담」의 제목도 그 한 예다. 레지 아가씨들은 성 앞에 '미스' 자를 붙여 부르다가 훗날 다방이 쇠퇴해 가는 말기 무렵에는 '미스'를 떼어 내고 반대로 뒤에다 '양(孃)'을 붙여 '김 양', '이 양' 등으로 불렀다.

현재 20~30대 젊은 층 중에는 이 같은 다방 풍경을 경험하지 못한 사람이 대부분일 것 같다. 이런 옛 다방은 오늘날 대부분 사라져 아주

희소한 데다가 몇 군데 남은 곳조차도 눈에 잘 띄지 않는 시 일우(一隅)로 물러나 앉았기 때문이다. 더구나 이들 다방 대부분이 노인층을 상대하다 보니 매상이 전과 같지 않고 한산해서 더는 레지와 주방장을 두지 않은 채 통상 마담 혼자서 1인 3역을 하는 경우가 대부분이다.

부산스러운 만인의 응접실

한편, 다방이 "시내 중심가에서 점차 주변과 외곽 지역으로 확산"해 갔다는 『한국민족문화대백과사전』의 내용처럼, 이 시절 들어 인천에도 다방이 많이 는 것 같다. 단적인 예로 어린 시절 이사해 살던 남구 숭의동 308번지에서 그다지 멀지 않은 경인 국도 변에 다방이 생긴 것을 들 수 있다.

이름이 '양지다방'이었는데 이미 1959년에 이 자리에 문을 열었다. 그 무렵 숭의동이라면 인천의 중심가와는 사뭇 떨어진 외곽이었다. 중학생 시절 언뜻 들여다본 바로도 대단한 성업을 누린 것 같지는 않으나 꾸준하기는 했던 듯하다. 주인의 선각적 예지에는 다소 어긋난 듯싶어도 반세기를 꿋꿋이 버텨 오다가 2008년인가 2009년인가에 문을 닫았다. 이 다방의 추억이라면 1961년 중학교 2학년 시절 석간신문을 배달하고 돌아서던 때, 진눈깨비 속에서 불러 세워 뜨거운 엽차 한 잔을 건네주던 거기 레지 누나의 온정뿐이다.

1950년대 후반에서 1960년에 이르는 시기에 인천의 다방 수효가 얼마였는지는 정확히 알지 못한다. 다만 시의 중심가인 중구 일대, 특히 신포동, 중앙동, 관동 등지와 인현동 등 동인천역 인근에 수십 곳의 다방이 더 생기지 않았나 생각한다. 고일 선생의 『인천석금』에 1950년대 말, "용동 다방 거리 '뉴문' 윗집" 운운하는 구절처럼 용동 일대가 '다방 거리'로 불릴 정도였다면 충분히 짐작할 만하다.

이 시기에 여전히 '문화 예술인 다방'을 고집(?)한 업소는 우문국 화백이 앞에서 언급한 대로 '유토피아', '항도'를 비롯해 '금잔디', '미원', '은성' 그리고 '매란' 다방 등이었다. 그중 '매란다방'은 불행하게도 불과 개업 1년 만에 문을 닫고 만다.

어쨌거나 1960년대는 다방의 전성시대였던 만큼 관련 일화도 많았을 터. 잠깐 그런 이야기를 소개한다.

1960년대 우리 사회에 큰 변화를 가져온 것은 4·19 학생 혁명과 5·16 군사 쿠데타였다. 특히 5·16은 사회 구석구석을 뒤흔들어 놓았는데, 다방이라고 예외가 아니었다. 한 예로 미군 PX를 통해 불법 유통되는 커피를 뿌리 뽑으려 했던 사건이 있다. 민병욱이 쓴 「6080 다방의 추억」 한 부분을 살펴보자.

> 61년 5·16 쿠데타 직후인 5월 29일, 전국 다방은 일제히 "오늘부터 커피를 팔지 않습니다"란 게시문을 내걸었다. 외래품 근절을 위한 자발적 움직임처럼 보도됐지만 사실 정부의 강압적 조치였다. 전량을 외국서 수입하거나 미군 부대 PX를 통해 불법 유통되는 커피를 아예 뿌리 뽑자는 군부의 조치였던 것이다.
>
> 9월부터는 커피, 홍차, 코코아, 레몬주스 등 외래품 일체와 국산과

의 혼용도 판금됐다. 단골들에게만 몰래 커피를 팔던 다방 주인들이 치안 재판에 회부된다는 등 당국의 위협에 손들고 문을 닫는 곳이 속출했다. 커피 등 외래품 단속은 60년대 내내 지속돼 업자들은 노이로제에 걸릴 지경이었다. 그래서 나온 것이 '포켓 속의 전용 다방'이란 광고문과 함께 등장한 ○○커피 캬라멜이다. 맛이 외국산과 거의 비슷하다는 '인조 커피' 광고도 신문에 심심치 않게 실렸다. 다방에선 커피 대신 콩을 볶은 '콩피'를 내놓기도 했다.

1960년대 벽두부터 홍역을 치른 다방들의 이야기가 새삼 흥미롭다. 또 한 가지 흥미로운 이야기는 '다방 에티켓'에 관한 것이다. 어중이떠중이가 드나들면서 다방이 얼마나 부산스럽고 손님이 예절이 없었으면 신문이 이런 기사를 다 실었을까 싶다.

다방은 잠깐씩 빌려 쓰는 응접실이 되어 가고 있다. 따라서 다방은 나 혼자만이 아니라 여러 사람이 드나드는 만큼 서로 '에티켓'을 지켜야 한다.

다방에서는 대개 음악 소리가 나고 있어 이에 따라 말소리가 커지기 쉬운데 그렇다고 옆의 '박스'에까지 들리도록 큰 소리로 이야기하고 웃는 일은 삼가야 한다.

차를 얼른 가져오지 않는다고 큰 소리를 지르는 것과 옆의 박스에 있는 다른 사람을 흘끔흘끔 쳐다보는 것은 남의 응접실을 넘겨보는 것과 마찬가지이므로 이 모두가 다 자신을 천하게 보일 따름이다.

"『커피』는안팔겠소"

茶房業者들 새生活발맞춰

○…二九일부터 서울시내의 각다방은 스스로 「커피」판매를중지하고 생활의간소화와 불필요한외래품배격등의혁명과업수행에 발맞추었다

○…서울시내에있는 다방만도 一천여개, 하루평균 백잔씩의 「커피」를판다해도 그소비량은 한집(一「파운드」、전체二천「파운드」라는엄청난숫자가나온다

○…이것을다시돈으로환산하면 하루천만환정도(파운드당 최고五천환)씩 절약되는셈이된다 이날다방협회는 앞으로 국산차의 질향상과 그보급에힘쓸것이라고 새결의를다짐하였다

커피 판매 중지를 결의한 다방 업자들에 관한 기사

그리고 다방에 너무 오래 앉아 있는 것은 마담이나 레지의 눈총을 맞게 되지만 차 주문을 너무 서두르게 되어도 촌스럽게 보인다.

1967년 7월 4일 자 「매일경제신문」에 실린 연재물 '몸가짐 백과(百科)' 중의 '다방 에티켓'이란 기사 전문이다. 다방이 이미 '만인의 응접실'이 되었음을 확인할 수 있다. 그러다 보니 자연 꼴불견 사례도 생겨나고, 보다 못한 신문이 '다방을 드나드는 사람이라면 이런 에티켓쯤은 알아야 한다'는 취지에서 기사를 내보낸 듯하다. 그러나 그 내용 대부분이 40여 년이 지난 오늘까지도 잘 지켜지지 않고 있으니 '제 버릇 누구 주랴' 하는 말을 씹어 보게 된다.

작지만 맵시 있는 다실 '은성다방'

'은성다방' 시절

피난 시절 부산에 각지에서 모여든 문화 예술인들이 암담하고 불안한 나날을 함께 보내던 다방 '밀다원(蜜茶園)'이 있었다면, 전쟁 후 인천에는 '은성다방'이 있었다. 1950년대 말을 지나 1960년대에 들면서 전쟁의 상흔도 무던히 지워져 가던 무렵, 북에서 남에서 이리저리 떠밀려 온 문화 예술인들이 저마다 찻잔을 앞에 놓고 삶과 예술을 논하던, 가난했지만 예술만은 더 없이 은성(殷盛)했던, 바로 '은성(銀星)다방' 시절이 시작된다.

고여와 필자와의 만남은 1950년대 필자의 고교 시절부터였다. 이후 60년대와 70년대에 걸쳐 부단한 교우를 가졌는데 부친뻘 연배인 그와 노소동락하며 술자리까지 함께했던 것은 외람스럽게도 행운이라면 행운이라 할 것이다. 황량하고 고달팠던 시절 인천의 예술인들이 담합하여 주로 모이던 장소는 예총이나 문화원 사무실 그리고 은성다방, 신포동의 시장 바닥 주변 목로주점 등지였다. 다람쥐 쳇바퀴 돌 듯 우리들의 일과는 같은 장소에서 같은 장소로 맴돌았다. 70년대 이후 거의 전업 화가나 다름없는 무직 상태에서 고여 또한 어려운 생활 여건을 헤쳐 왔다.

그 시대(60~70년대)를 산 사람들은 신포동 일대에 대한 남다른 애틋한 감회를 가질 것이다. 인천 예술 관계 인사들의 이른바 '대폿집 순례'가 신포동 시장 골목을 중심으로 이루어졌다. '백항아리집'이라는 특이한 목로주점이 그 순례 축의 한가운데에 있다. 문학 평론가 김양수의 글을 인용하면, "그때 '백항아리집'으로 말하면 단순한 목로주점으로서 몇 평 되지 않는 구조인 까닭에 따로 술과 안주를 차려 놓는 탁자가 있는 것이 아니고 벽 쪽으로 돌아가면서 선반이 걸려 있고 대개는 그 선반에 안주 한두 접시와 술 주전자가 놓여 각자 마실 수 있을 만큼 청해서 마시는 아주 싼 술집으로 신포동 일대를 배회하는 많은 술꾼이 드나드는 집"이었다.

이 '백항아리집'의 정경만치나 궁핍했고 그러면서도 낭만이 살아 있었던 시절, 고여의 행동반경은 많은 인천 예술인이 그랬던 것처럼 신포동 언저리를 별로 벗어난 일이 없었던 것 같다. 신포동 시장 골목은 한 시절 인천 예술인들의 숨통을 열어 주는 카타르시스의 바운더리였다고나 할까, 그것도 '술시〔酒時〕'에 접어든 이후부터이다. 그 이전 훤한 대낮에는 예의 은성다방으로부터 불시적인 선택이 이루어진다. '은성다방의 추억'에 대해 언젠가 내가 기술했던 글 일부를 소개한다.

"그 무렵, 도심의 번화가였다고도 할 수 있는 중앙동 대로변의 한 모퉁이 일식집 2층에 자리 잡은 이 다방은 한때 문화 예술인들의 휴식처이자 거점이었으며, 또한 예술 활동의 숨통을 틔워 주는 장소로도 활용되어 왔다. 무엇보다도 마땅한 전시 공간을 달리 구할 수 없던 당시에 화가들의 작품 발표가 여기서 치러지는 일이 많았다. 혹은 시 낭송이나 시화전의 장소로, 혹은 창작집의 출판 기념회나 각

1961년 1월 13일 은성다방에서 열린 '싸롱음악의 밤' 행사 초대장(조우성 소장)

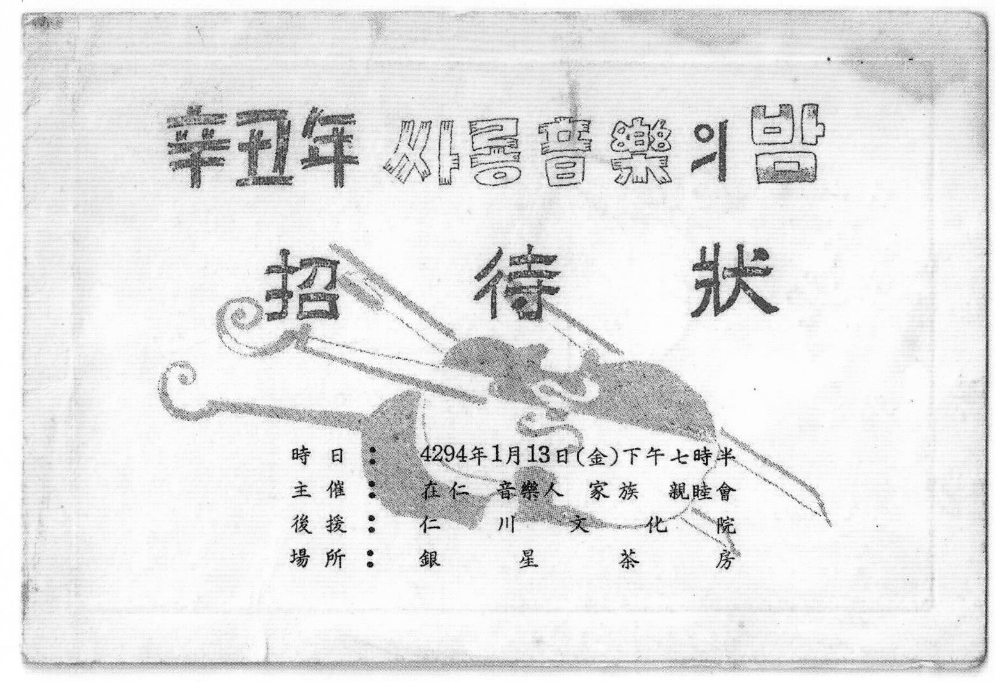

辛丑年 싸롱音樂의밤

招待狀

時日 : 4294年1月13日(金)下午七時半
主催 : 在仁 音樂人 家族 親睦會
後援 : 仁川文化院
場所 : 銀星茶房

종 문화 예술 관계 집회 모임의 장으로 크게 배려되었던, 황량한 시대의 문화 소통의 공간이자 카타르시스의 배출구이기도 했었다.

차 한 잔으로 공허한 시간을 때우는 실업자 예술인들이 매일같이 본능적으로 찾아들어 환담을 교환하는 '만남의 터'였다. 무엇엔가의 기다림 같은 것이 항상 짓누르는 무거운 분위기 가운데서 무위에 주눅이 든 듯한 예술인들이 초현실적인 자세로 앉아 있는가 하면, 제법 활기 있게 움직이는 봉급생활자 무리도 끼어든다. 늘 틀어 놓는 레코드판은 그런대로 격조 있는 클래식이다. 삐걱거리는 목조 계단을 걸어 올라가면 맞아 주는 그 집 주인, 속칭 마담 김윤희는 애교라고는 거의 없어 보이는 여성이지만 손님에게 긴장감을 조성하지는 않는다.

이 은성다방에서의 모임이 실마리가 되어 의기투합된 50대의 미술인들로서 출범을 본 것이 오소회(五素會)이다. 이경성의 발의로 결성된 이 모임은 처음에 5인의 50대(박응창, 윤갑로, 김영건, 우문국, 이경성)로 틀이 짜였고 현직 인천시장까지 영입되었다. 69년 은성다방에서의 창립전을 시발로 10년 가까이 수명을 누렸다. 나중에 검여를 필두로 서예가까지 참여한 이 그룹은 점차 회원의 수를 늘리면서 아마추어적인 성격을 탈피하게 된다."

얼마 전에 작고한 인천 출신 미술 평론가 김인환이 쓴 「고여, 인천 화단의 산증인」이라는 글의 발췌문이다. '은성다방'의 '터주 가운데 한 사람'이었던 고여 우문국 선생과의 한 시절에 대한 개인적 회상기라 할 수 있다. 이 글을 길게 인용한 것은 초기 '은성다방'의 성격과 분위기, 거기 출입하던 문화 예술인의 실정과 모습, 그들과 관계된 다방의 소임 등을 이처럼 재미있고 자세하게 기록한 글이 또 없기 때문이다.

내용 중에 "중앙동 대로변"이라는 대목에서 혹 착오가 있을까 싶어 부연하자면, 지금은 '개항로 대로변'이라야 맞다. 중구 신포동 59번지, 새 주소로는 신포로 32-1이다. "일식집 2층"이라는 표현도 보이는데, 그 일식집은 '이화정'으로 그 아래 있던 음식점 '화선장'에 비해서는 훨씬 성가(聲價)가 떨어졌다. 이화정 자리에는 현재 '게스(Guess)'라는 의류점이 들어 있고, 그 지하에는 주점이 문을 열고 있다. 외부와

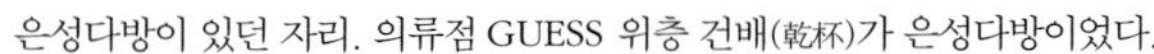

은성다방이 있던 자리. 의류점 GUESS 위층 건배(乾杯)가 은성다방이었다.

달리 옛 건물의 내부는 일인들이 지은 목조건물로 지하실이 없었는데, 후일 양옥으로 신축하면서 생겼다.

우리는 군대 가기 전인 1960년대 중·후반이나, 돌아온 1970년대 초나, 늘 기름걸레질을 한 나무 계단과 나무 널 바닥을 밟고, 정해진 듯 4번 테이블에 가 앉아 창밖 저 멀리 월미도 쪽으로 쓸리는 자줏빛 노을을 바라보곤 했다. 안쪽으로는 한상억, 김길봉, 최병구, 손설향, 김양수 선생들이 앉아 계셨고…….

그 시절이 한없이 그리워진다. 그곳은 진정 향수(鄕愁) 같은 곳. 그곳은 젊음과 문학이 있던 곳. 노을을 내다보며 인천을 울고, 문학을 울고, 사랑을 울던 장소. 은성다방! 이렇게 조용히 입속으로 뇌어 보면 그 옛날이 모조리 되살아나 온몸을 욱신거리게 한다.

그 분위기가 문화이자 예술

다시 이야기를 돌리자. 그렇다면 어떻게 해서 1960년대에 들어서면서 '은성다방'이 인천 예술인의 아지트, 나아가 예술인의 메카가 된 것일까. 더욱이 1990년대 이 다방이 문을 닫을 때까지 계속되었던 것일까.

1960년 2월 김찬희 개인전이 은성다방에서 막을 열고, 같은 장소에서 11월 유희강 서예전, 12월 김종휘 수채화전 등이 있었고, 7월에 이재호 개인전이 20세기다방에서 열렸고, 11월에 제2회 소성미

전을 상공회의소 전시장에서 열고 신인상을 반도병원장 이동신 씨의 유화에 수여했다.

역시 우문국 선생의 글에서 인용한 것인데, 1960년 시작과 함께 '은성다방'이 미술인의 으뜸 전시장 노릇을 하고 있다. '낙랑', '등대', '세루팡', '유토피아', '항도', '금잔디', '미원'으로 내려오던 예술인의 출입 다방이 어느 결에 이렇게 '은성'으로 바뀐 것일까. 그리고 그 까닭은 무엇이었을까.

그 대답은 앞에 인용한 김인환 평론가의 글 중에 "삐걱거리는 목조계단을 걸어 올라가면 맞아 주는 그 집 주인, 속칭 마담 김윤희는 애교라고는 거의 없어 보이는 여성이지만 손님에게 긴장감을 조성하지는 않는다"는 구절에서 찾아야 할 것 같다.

1960년대 중·후반부터 출입을 시작한 우리에게는 썩 그렇지도 않았지만, "속칭 마담 김윤희" 씨가 우리 윗세대인 우문국 선생 연배에 대해서는 늘 "긴장감을 조성하지는 않"았던 것이 첫째 까닭이었을 것이다.

실제 문화 예술인들은 지나치리만큼 예민해서 다방 여주인의 말 한마디에 영영 '돌아오지 않는 다리'를 건너는 일이 많다. 그러니 혹 차를 안 마신들, 종일 '벽화'처럼 붙박여 앉아 엽차만을 축낸들, 터지는 속을 누르고 예사롭게 대하지 않으면 안 된다.

오늘 같으면 누가 이런 식으로 장사하랴. 그러나 '은성'은 그렇게 다방을 운영했다. 물론 앞의 다방들이 어느 날 꼭 그 같은 '실수(?)'를 해서 예술인들로 하여금 발걸음을 돌리게 했다는 것은 아니다. 다만 혹

은성다방 건물. 중앙의 비스듬한 건물 2층이다. 오른쪽 끝 검은 목조 건물이 요릿집 '화선장'이다.

날에 이르러 '은성다방 1세대' 분들과 자주 접하게 되면서 자연적으로 그런 느낌을 받게 되었음을 밝히는 것뿐이다.

우리가 첫 출입을 시작하던 1966년에는 두 명의 레지 여성과 주방장이 다방을 운영하는 체제였다. 유독 이 다방은 여느 다방과 달리 '가오 마담'을 따로 두지 않았다. 신문 기자나 문화 예술인, 혹은 '화선장'에서 식사를 끝낸 높은 공무원 같은 점잖은 손님들이 주를 이루니까 다방 명성 때문에도 그랬던 것 같다. 또, 레지를 불러 앉히고 잡담을 하거나 시시덕거리는 일도 이 다방에서는 없었다.

낮은 높이에, 등을 기대기에 적당한 각도로 벌어진 나무 의자와 테이블 위로 길게 내려진 따듯한 백열등과 그것을 씌운 하얀 깔때기 꼴 전등갓 그리고 좌우 두 면이 위아래로 여닫는 도르래 방식의 환한 유리창으로 뚫린, 널마루 이층집의 다실. '은성다방'은 그 분위기만으로도 문화다 싶고 예술이다 싶었다. 카운터 맞은편의 유일한 흰 회벽에는 요란하지 않은 동양화와 서예 액자 둘이 가지런히 걸려 있었다. 음악은 주로 살롱 뮤직이 나지막하게 실내를 흘러 다녔다. 조촐하면서도 맵시 있고 안락하게 꾸민 응접실 분위기였다.

하지만 사각형 실내의 긴 쪽 두 면에 창문이 세 개씩 달려서 실제 그림 전시를 하기에는 유리하지 않았다. 문 옆의 1번 테이블 쪽 층계 때문에 생긴 작은 벽에 두 점 정도, 양쪽 벽 유리창 사이의 공간을 합쳐 예닐곱 점 그리고 유일한 회벽에 두서너 점, 1층 화장실로 가는 계단 입구의 칸막이에 두어 점을 걸 수 있는 정도였으니 여간 옹색하고 불편한 것이 아니었다. 그래도 당시 아무런 문화 인프라가 없던 인천 시내에서 '은성다방'은 갤러리로서 미술인의 전시 갈증을 풀어 주는 데 큰 몫을 했다.

이런 아취(雅趣) 있는 실내 분위기, 그리고 "손님에게 긴장감을 조성하지는 않는" 마담과 아름다운 레지 여인들의 품위 있는 운영 자세가 인천 문화 예술인을 일거에 '은성다방'으로 끌어들이는 강한 힘으로 작용했으리라는 생각이 든다.

젊은 예술가를 성원한 '은성'의 여인들

'은성다방' 출입 자격

앞에서 "1960년대 중·후반부터 출입을 시작한 우리에게는 썩 그렇지도 않았지만, '속칭 마담 김윤희' 씨가 우리 윗세대인 우문국 선생 연배에 대해서는 늘 '긴장감을 조성하지는 않'았던 것이 첫째 까닭이었을 것"이라는 이야기를 했다. 여기서 '1960년대 중·후반부터 출입을 시작한 우리에게는 썩 그렇지도 않았지만'이라고 한 데는 그럴 만한 까닭이 있다.

'은성다방'의 주인 마담 김윤희 씨가 우리 또래에게는, 무언중에 우문국 선생들에게 보이는 태도와는 다른 분위기를 풍겼다는 이야기다. 그렇다고 그 태도가 아주 노골적인 것은 아니었다. 늘 은근했고, 또 잔잔한 미소를 보내 주었다. 그러나 그것은 언제나 짧고 또 그다지 따듯하지가 않았던 것이다.

어쩌면 그런 김윤희 씨의 태도는 '자기 다방의 분위기와 명성을 지키려는' 그 나름의 또 다른 상술이었는지도 모른다. 40~50대 중·장년층 예술인을 상대하는 품위 있는 다방이 20대 애송이들로 그 고귀한 분위기를 흐릴 수는 없다는 생각이었을 것이다. 아무튼, 우리 또래가 드나들면서였는지, 아니면 당신들끼리 무언가가 맞지 않아서였는지, 한상억 시인이나 김길봉 수필가 들의 발길이 그 무렵부터 다소 뜸해진 것을 기억한다.

이 특이한 사진은 아마도 1960년대 무렵 인천의 모든 유지들이 화선장에서 식사를 하고 찍은 듯하다. 화선장 옆으로, 은성다방이 들어 있던 '이화정' 건물이 보인다.

그때 얼핏 옆모습만 뵈었던 분들을 꼽아 보자면, 1962년 인천문인협회 초대 회장을 지낸 소설가 조수일 선생과 김창흡, 최경섭 선생, 이분들보다는 연배가 뒤지는 시인 손설향, 조한길 선생, 그때 처음으로 얼굴을 보았던 랑승만 시인, 홍명희 여류 시인, 여러 장르의 글을 쓰던 최은휴 시인, 그리고 서예가 유희강, 정재홍 선생, 훗날 내가 호되게 야단맞은 적이 있는 장인식 선생 등이 있다. 그리고 미술 평론가 김인환 선배를 처음 대면한 곳 역시 '은성다방'이었다.

김인환 선배와의 만남은 무슨 전시회 자리였던 듯한데 정확히는 기억이 나지 않는다. 최병구 선생이거나 손설향 시인이 길 쪽 창가 4번 테이블에 앉았던 우리를 불러 대선배라며 인사를 시켰을 것이다. 그는 열 살 나이 차이가 나는 우리 애송이 대학생들과의 첫인사를 데면데면, 그러나 호기 있는 웃음으로 넘겼던 것으로 기억한다.

아무튼, 우리는 나름대로 시인이나 미술가를 지망하는 청년 대학생이라는 점에서 얼마든지 이 다방에 드나들 수 있다는 치기 어린 자신을 가지고 있었다. 그러나 김윤희 씨의 눈에는 여느 대학생이나 다름없는 소란스럽고 분수 모르는 한낱 철부지로만 보였을 것이다. 그러니 차라리 다른 다방의 마담들처럼 철저한 상술로 우리를 대했다면 훨씬 나았을지 모른다. 하지만 '은성다방'은 그런 상술 다방이 아니었다.

우리를 내리누르는 '은성'의 무언의 압력이 다소나마 누그러진 것은 두 분 후견인(?)과 몇 번에 걸친 검증이 있었던 뒤였다. 후견인은 고등학교 때 문예반을 지도해 주신 은사 최승렬 시인과 1966년 당시 인천문인협회 지부장이었던 최병구 시인이다. 이제는 두 분 다 영원히 다시 뵐 수 없는, 인천 문학계의 큰 어른으로 기억 속에 남아 있다.

이분들은 다른 어른들과 달리 우리 또래를 한없이 귀여워했다. 최병구 선생은 이미 고등학교 시절부터 한두 번 우리를 이 별천지 같은 '은성다방'에 데려와 달걀 반숙이나 시커먼 '커피 물'을 시험 삼아 먹인(당시는 미성년자에게 커피가 굉장히 해로운 것으로 인식되어 있었다) 적이 있을 정도로 관계가 각별했다. 아마 당신 큰딸이 우리와 동갑인 점, 그 밑의 외아들이 우리와 같은 고등학교 2년 터울의 후배라는 점이 우리에게 정을 갖게 했는지 모른다. 어쨌든 이분이 그 시절 우리에게만은 차가워지려는 김윤희 씨의 눈길을 따듯하게 바꾸어 주었다.

은사 최승렬 시인도 마찬가지로 든든한 보루(堡壘)였다. 최 선생은 자주 신포동의 이름난 대폿집 '대전집'이나 '다복집'으로 우리를 데려가 돼지 족과 두부 동그랑땡 등 푸짐한 안주와 함께 소주를 마음껏 먹게 하고는 으레 이 '은성다방'으로 데려와 커피를 사 주셨다. 최승렬 선생을 동반함으로써 우리는 여사의 미소 속에 든 날카로운 금속 조각을 피할 수 있었다. 거구였지만 한없이 다정다감했던 최 선생은 김윤희 씨가 인천에서 가장 존경하는 대표적인 시인이기도 했다.

이 같은 형태로 얼마간의 나날이 지난 후, 그리고 몇 번 우리끼리의 출입을 통해, 마담에게 우리가 비교적 양순한 종자이면서 선대들과 같은 예술의 길을 걷고 있다는 사실이 인증된 것이다. 이런 과정을 거치고 나서야 우리는 마음 놓고 '은성'에 출입할 수 있었다. 하기야 선배 문화 예술인 중에도 우리 젊은 축들의 출입을 못마땅해하던 분이 상당수 있었으니, 마담의 경계심 정도야 얼마든지 이해할 수 있다.

물론 지금 같으면, 세상 흔한 다방 다 두고 그렇게까지 주눅이 들어 '은성다방'에 다녀야 할 일이 뭐란 말인가 할지 모르나, 당시 우리로서는 인천 예술의 메카인 '은성다방'을 결코 그냥 지나칠 수가 없었다. 고급스러운 다방의 분위기는 물론 드나드는 분들의 고매, 고상한 모습과 동화되어야만 주변으로부터 예술인이라는 또 하나의 인증을 우리가 받을 수 있을 것 같았기 때문이었다.

마담만 모르는 공짜 커피의 비밀

이런 곡절 끝에 '은성다방'을 비교적 자유롭게 출입하게 되면서, 우리는 마담만 몰랐던(지금까지도 모를) 참으로 기막힌 비밀을 만들어 내기도 했다.

우리 스스로도 예술인입네 하는 치기가 충만해서 기회만 생기면 은성다방으로 향했다. 물론 여자들도 젊은 우리에게 관심을 보였다. 그래서 찻값을 지불해 본 적이 거의 없는 이 젊고 가난한 화가, 시인 지망생들에게 여자들은 늘 따듯한 성원을 보내 주었다.

성원이라는 것은, 우리가 다방에 들어서면 여자들은 이내 걸려 있던 음악을 푸치니의 「허밍 코러스」로 바꾸어 준다든지, 우리가 말하기 전에는 절대 차 주문의 말을 먼저 입 밖에 내지 않는다든지, 그래서 무상으로 4번 테이블을 점령해 앉는다든지, 그리고 청하기도 전에 자주자주 엽차를 보충해 준다든지 하는 것들이었지만, 지금 생각해도 가난한 대학생들에 대한 아주 가슴 따듯한 배려였다.

그러나 이런 배려는 주인 김윤희 여사의 영업 방침과는 큰 거리가 있는 것이었다. 김 여사는 철저한 경영자이기도 했기 때문이다. 그런 김 여사에게 이따위 승인되지 않은 '우호(友好)'가 정면으로 발각된다면 여자들의 입장은 보나 마나 난처해질 것이 뻔했다. 하지만 우리나 여자들이나 그날그날 용케 그런 위기를 모면해 나가고 있었다.

몇 해 전, 인천중구문화원에서 발행하는 잡지에 신포동 추억거리로 썼던 「은성다방 시절」이라는 글 일부를 옮겨온 것이다. 1966년, 가난했던 시절의 궁상이라고 할지, 낭만이라고 할지, 지금 읽어도 얼굴이 뜨거워지고 멋쩍은 웃음이 나온다.

그 무렵 '은성다방'에는 미스 P와 C라는 두 여자가 있었다. 이들은 젊은 우리의 딱한 처지를 얼마간 이해하고 있어서 심정적으로 늘 '성원'을 보내던 것이 사실이었다. 우리가 드나들 무렵, 주인 마담 김윤희 씨는 매일 저녁 7시경이 되어서야 다방에 나타났다. 그리고 그때까지의 매상을 계산하고 한두 테이블 어른들 자리를 돌아보고는 먼저 퇴근했다.

은성다방 성냥(신연수 소장)

어차피 낮 동안은 우리가 갈 수 없으니 마담이 근무하는지 어쩌는지 알 수야 없지만, 우리가 다방에 입장하는 오후 4, 5시 무렵은 P와 C 두 여자만 있었다. 그러니까 한 서너 시간은 이들이 다방 경영을 주관했다. 그래서 여자들이 우리의 등장과 함께 음악을 바꿔 주거나 임의로 차 주문을 하지 않거나 한 것이다. 그러나 세상사란 늘 그렇게 우리 뜻대로만 되지는 않는 법이었다. 김 여사는 6시 무렵이나, 그보다 더 이른 시간에 문득 들이닥치기도 했다. 실로 이런 때가 난처했다.

흔히 다방 카운터에는 테이블 번호와 일치하는 플라스틱 번호판이 있었다. 그 번호판은 번호별로 오목하게 패어 있어서, 예컨대 2번 테이블에 앉은 손님 셋이 커피 두 잔에 쌍화차를 주문했다면, 커피를 표시하는 작은 플라스틱 조각 두 개와 쌍화차를 표시하는 조각 한 개를 2번의 오목한 칸에 넣게 되어 있었다. 그리고 이 조각들의 숫자를 단가에 곱해 찻값을 계산해 내는 것이다.

김 여사는 도착하자마자 우선 그 번호판을 들여다본다. 그때 테이블에 손님이 있는데도 플라스틱 조각이 놓여 있지 않으면 안 된다. 그렇게 불시에 김윤희 씨가 닥치면 P나 C는 재빨리 우리 머릿수만큼의 커피 플라스틱 조각을 올려놓았다. 그러나 문제는 그 뒤부터였다. 찻값이 없는 우리는 마담이 퇴근할 때까지 꼼짝도 하지 못하는 것이다. 이것이 그녀들과 우리의 비밀이었다.

몇 번 이런 경우가 있었는데, 마담이 먼저 퇴근하고 난 뒤에는 번호판이 도로 공 칸이 되었겠지만, 그래서 우리도 그녀들의 미소를 뒤로 하고 무사히 다방 문을 나설 수 있었지만, 다음 날이라도 마담으로부터 혹 우리 찻값을 추궁당하지는 않았나 하는 궁금함이 45년이 지난 오늘, 그때 그들의 상냥하고 어여쁜 얼굴과 함께 떠오른다.

그들의 아름다운 마음씨와 예술가들을 진심으로 대접하던 갸륵한 정성은 결국 가연(佳緣)으로까지 이어졌다. 훗날 그 두 여자 중 한 명이 인천의 우리 문학인 선배와 결혼에 이른 것이다. 그것은 아마 1970년대 초반의 일이었던 듯하다.

'은성다방' 시대, 막을 내리다

거기 청춘이 있었다

'은성다방'에서 생긴 특별한 가연을 얼핏 이야기했으니, 그 반대의 사사로운 이야기 하나 하고 지나가자. 그것은 약속 시각에 늦어 생긴 비극이다. "8분이 지나고 9분이 와요. 1분만 있으면 나는 가요." 펄 시스터즈가 부른 노래 구절처럼 되고 만 이야기다.

"오빠, 술 취해서 지난주에 여기서 만나기로 한 약속 잊었나 봐요. 오빠가 말한 사진 한 장 두고 가요. 예쁘지는 않지만 가져가셔서 보여주세요. 놀림 받지 않게요." 그렇게 지금은 타국에 이민해 사는 S가 쓴 쪽지와 S의 사진 한 장을 레지 C로부터 전해 받아야 했던 가슴 저린 추억을 가진 사람도 있는 것이다.

1971년 군대에서 휴가를 나왔고, 귀대 날짜를 이틀 남기고였다. 서울 성북동에서 헐레벌떡 달려왔을 때에는 이미 시간이 상당히 지나 있었고, 그것으로 끝이었다. S는 활짝 핀 코스모스 무더기 앞에서 흑백으로 웃고 있었다. 그리고 1년여 후 제대를 했을 때, S가 결혼을 하고 먼 타국으로 갔다는 이야기를 들었다.

그 약속을 어떻게 잊을 수가 있을까. '지난주'의 약속이란 그날 '은성다방'에서 우연히 만난 중학 동창과 S가 동성(同姓)이어서 자연스럽게 셋이 어울려 술을 마신 끝에 한 약속이었다. "오빠, 그럼 내 사진이라도 한 장 드릴게요. 가기 전전날 이리로 와요." 술에 취해 S가 태워 주는 택시를 타고 동창과 나는 숭의동 목욕탕 집에서 그날 밤을 기숙한 뒤 헤어졌다. 술 때문에 S는 내가 약속을 잊은 것으로 생각했던 모양이었다.

은성다방 출입문에 붙은
제4회 세종문화 큰잔치 포스터(사진 제공: 조우성)

그런 일이 있었던 얼마 후 동창은 몰락한 가세(家勢)를 비관해 그 젊은 나이에 스스로 목숨을 끊었고, S는 결혼했다. 그리고 C는 한동안 「무도회의 권유」나 「허밍 코러스」를 틀지 않았다. 이 모든 일을 P는 아주 소상히 알고 있었다.

은성에서는 자주 전시회가 열렸다. 주로 그림 전시회와 시화전이었다. 주인 김 여사의 큰 이해(理解)가 있었을 것이고, 정감 있는 다

방의 분위기가 이런 예술 행사를 부추겼을 것이다. 그 무렵 시내에 이렇다 할 전시장이 없는 까닭에 대부분의 전시가 다방에서 열렸던 것이다. 그렇기는 해도 전시회를 허락하는 것은 여간한 결심이 아니었다. 다방 전시회는 주인에게 그다지 크게 이바지되는 바가 없었기 때문이었다.

사실 전시회가 열리는 기간, 대체로 일주일간은 '주최 측 측근이나 관계자'들은 드문드문 커피를 걸러도 좋은 무상출입이 가능했고, 아침 일찍 '한 잔'을 들고 나면 종일토록 들락거리면서도 추가 주문 없이 '엽차' 서비스를 받을 수 있었기 때문이다. 그렇다고 전시회를 보려는 관객, 즉 새 손님이 눈에 띄게 늘어 찾아오는 것도 아니다.

그러니까 주인으로서는 큰 매상도 없이 소란스럽기만 할 뿐이었다. 다만 이따금 주최 측에 망외(望外)의 큰 소득이 있으면(어쩌다 넉넉한 가격으로 그림이 팔리는 경우 등) 카운터에 얼마간 '풍족한' 찻값이 돌아갔다. 그러나 이런 경우는 거의 없다시피 아주 드물었다. 해서 앞에서 김 여사의 '큰 이해'라는 말을 쓴 것이다.

연전에 끝내 화가 지망생으로 생을 마감한 친구 K의 개인전을 회상하면서 시내 어느 문화원이 내는 잡지에 기고했던 글이다. 그가 전시회를 한 것은 1967년 가을이었던 것 같다. 딴에는 당시 미술 전시회나 시화전을 흔쾌히 허락했던, 그러면서 '은성다방'이 떠안을 수밖에 없었던 '고충'을 나름대로 적어 본 것이다. 실제 전시회 전문이었던 '은성다방' 외에도 몇몇 다방이 썩 이문이 남지 않는 이런 '장사'를 했다.

그러나 이것은 어디까지나 이미 사계에 관록이 있고 정평이 난 시인, 작가, 화가에 한한 것이었다. 그런데 K를, 이 애송이 무명 화가를, 김 여사는 선선히 대접해 주었다. 이는 역시 최승렬 선생이나 최병구 시인의 보증 덕이었을 것이다. 어쩌면 화실 '아틀리에 영'을 운영하던 김태영 선배의 힘이었을지도 모른다. 그렇지 않고서야 다방을 뛰어난 선배 화가나 시인들에게처럼 선뜻 전시회 장소로 허락해 줄 리가 없는 것이다.

기억이 분명하지 않지만 아마 9월 하순쯤이었을 것으로 생각한다.

전시회는 오늘날과 달리 오프닝 의식 없이 월요일부터 시작했다. 그 일주일 동안 학교 강의가 끝나는 대로 하루도 거르지 않고 기차를 타고 내려와 '은성다방'으로 달렸다. 출입문 옆의 6인석이 전시회를 주관하는 본부였다. 어설픈 팸플릿과 방명록으로 쓰는 스케치북 한 권, 잡지, 신문 따위가 얹힌 테이블 앞에 우리는 자못 숙연한 예술가의 표정으로 앉아 있었다.

그러나 그 일주일 내내 관객의 수효는 고작 스물이나 서른이었을까. 벽에 걸린 작품을 하나하나 뚫어지게 보던 두 명의 젊은 여자 외에는 누구도 썩 관심 있게 들여다보지 않았다. 김 여사도, C와 P도 속으로는 어지간히 안타까웠을 터지만, 일주일은 그렇게 흐르고 말았다. 고독과 가난과 방향 없는 열정을 어쩌지 못하던 청춘 시절의, '은성다방'에 얽힌 그립고 그리운 이야기다.

한편, 고등학교 미술 교사를 지내면서 신포동 일대에 독특한 일화를 많이 남긴 J 화백의 개인전 뒷이야기도 있다. 그의 전시회가 우문국 선생이나 서예가 김인홍 선생, 심창화 선생의 발길을 한동안 '은성다방'으로부터 멀어지게 했다. 덩달아 고촌(古邨)이나 그 일단까지도 '은성다방'을 외면한 일이 있다. '은성다방'뿐 아니라, 아예 '백항아리집'까지도 멀리했던 사건이다. 1980년대도 중반 무렵이었을 것이다.

J 화백의 전시회에 한 여인이 와 있었다. 그다지 미모는 아니었지만, 이 계통의 '여류(女流)'는 빤해서 누가 누구인지 다 아는 판인데, 전혀 낯선 여인이었다. 그런 여인이 J 화백 가까이에 앉아 있는 것이다. 누군가의 입에서 여인에 관해 어렴풋이 종교 관련 이야기가 있었던 듯도

한데 지금 기억이 분명하지는 않다. 그것이 두 사람을 만나게 했다는 투였을 것이다. 아무튼, 하객들은 모두 J 화백의 가정사로 미루어 그럴 수 있다고 우호적으로 이해하고 있었다.

그러나 그날 시종 투정 비슷하게 언사를 부려 잔치 분위기를 자꾸 어둡게 하던 시인 R 씨가 어느 결에 여인을 나꾸어 자기 옆에 앉힌 것이다. 그날은 그것이 눈에 거슬려서들 일찍 다방 문을 나서 '백항아리집'으로 갔는데, 그 얼마 후 여인과 R 시인 사이의 해괴한 후일담이 들려왔다. 더구나 그 무대가 R 시인의 집이었다는 이야기였다. 목격하지도 않았고, 진위를 확인하지도 않았으나, 심지어 '처용가(處容歌)' 운운하는 이야기까지 나왔던 것이다.

J 화백은 졸지에 여인을 잃었고, 우문국 선생, 김인홍 선생 등은 장

탄식 끝에 그 길로 '은성다방'을 떠나 얼마 동안 창영동 철도 차단기 옆의, 허름하기는 했어도 메밀묵과 막걸리가 좋았던 대폿집으로 아지트를 옮겼다.

1980년대에 들어서는 '은성다방'에 가는 대신에 저녁이면 고 손설향 시인과 역시 일찍 돌아간 선배 동양화가 고촌과 부천시에서 표구점을 하는 선배와, 지금은 강화로 가서 사는 서양화가 홍윤표, 외환은행에 다니던 김학균 등등과 어울렸다. 모두 벌이가 시원치 않아서 찻값과 술값을 이중으로 쓰기가 버거웠다.

이당기념관(以堂紀念館)을 지키던 이정 화백과 만난 것도 이 무렵 '은성'에서였다. 후일 그의 전시회 도록에 실릴 '학이 지키는 마을'이라는 해설 아닌 감상문을 '은성다방' 창가에서 쓰기도 했다. 고맙게도 '은성다방'의 찻값과 '백항아리집'의 약주값은 주로 이정이 냈고, '미미집'의 대폿값은 김학균이 자주 냈다.

어쩐 일인지 아동 문학가 김구연 선배나 조우성, 정승렬 시인 등과는 은성에서 차를 나눈 기억이 거의 없다. 조우성은 술을 못하는 체질인데도 저녁이면 '미미집'에 나와 박주(薄酒)에 객쩍은 방담을 잘도 참고 들어 주었는데 말이다.

이제는 사라진 추억 아지트

'은성 30년'을 돌아보면 불현듯 눈물이 날 것 같다. 이제는 다방의 흔적도 없고 또 거기서 뵙던 어른, 선배, 문인, 화가들

대부분이 타계했다. 겨우 선배 몇 분, 또래 몇이 남았을 뿐이다. 젊은 한때 그렇게도 드나들던 내 집 같았던 곳! 고향 같았던 은성에 황혼이 온 것은 1980년대 중반부터였다.

그러니까 1950년대 말부터 이때까지가 '은성다방'이 인천의 예술 행사 현장으로서 말 그대로 '문예를 중흥시키는 데 크게 공헌한 시기'인 셈이다. 앞에서 시기 구분을 위해 우문국 화백의 글을 인용해 1960년대 초반의 행사를 언급한 바 있지만, 실제 그 이후에도 수많은 문화 예술 행사가 이곳에서 열렸다.

그러나 1980년대에 이르면서 더는 '은성다방'이 전처럼 인천의 문화 예술 공간으로 활발하게 이용되지 않는다. 이 시기에 우리나라 재래 다방들이 쇠퇴하기 시작한 까닭도 있지만, '은성다방' 1세대 중에 인천을 떠나 서울 등 타지방으로 이주한 분도 늘었고, 고령에 이르러 활동이 미미해지거나 아예 출입을 접은 분이 상당수 생겼기 때문이다.

더욱이 이 시기에 시내에 몇 군데 화랑 같은 전시장이 등장한 데다가 공보관이나 예총, 문화센터 등의 전시장과 갤러리를 겸한 다방 등 각종 문화 예술 활동을 펼 수 있는 무대가 많이 생겼다. 대표적인 것이 중구 송학동 성공회로 올라가는 경사 길 왼편에 있던 이당기념관과 신생동 공보관, 가톨릭회관 지하 '성지다방'과 '고전다방', '이집트다방', 또 1980년대 초에 건립된 숭의동 수봉공원의 인천예총 전시실이다.

'은성 시대'의 쇠퇴를 재촉한 또 다른 사건으로 건물 신축도 빼놓을 수 없다. 공사 시기가 1980년대였는지 얼추 1990년대 들어서였는지 기억이 분명치 않다. 옛날 삐걱거리던 목계(木階)와 실내 널 바닥, 한

없이 온화하게 느껴지던 백열등불과 전등갓, 또 위아래로 여닫는 환한 유리 창문이 사라지고 시멘트를 바른, 그리고 애초 앉았던 위치마저 뒤바뀐 낯선 양옥 모습에 정(情)을 잃기도 했던 것이다.

거듭 이야기하지만 '은성다방'을 '은성다방'으로 기억하게 하는 것 중의 하나가 단정한 목조 건물로, 여느 다방과 다른 품위 있고 온화한 분위기였다는 점이다. 밝으면서도 따듯한 조명과 나지막하게 실내에 깔리는 클래식 선율 그리고 명랑하고 교양 있는 레지 여성들로 해서 '은성다방'의 분위기는 아마도 당시 시내에서 가장 편안하고 단정했을 것이다. 물론 인천 예술가 손님들 역시 세련된 신사들로 별달리 풍파가 없어 다방의 분위기에 항시 유쾌와 안락을 더했다.

> 문사 양반들이 차 마시는 풍경은 퍽 고요해요. 곁에서 누가 신문장 뒤지는 소리 나는 것조차 귀찮은 듯 '침묵의 실(室)'에 잠겨 시상(詩想)을 닦거나 소설 스토리를 생각하는 듯해요. 간혹 이야기한대야 예술과 영화에 대한 화제가 많더군요. 그분들은 세레나데 같은 고요하고 낮은 음악을 좋아하더군요.

1936년 서울 소공동에 있던 다방 '낙랑'의 마담 김연실의 말이다. 그 20여 년 뒤 인천 땅 '은성다방'의 풍경이 바로 이 모습 그대로였다. 그러나 이제는 영원히 되돌릴 수 없는 과거사다.

방과 후 찾아드는 젊은이의 양지

여학생과 마주할 최적의 공간

'은성다방'에 이어 '짐다방'과 '별다방' 이야기를 하지 않을 수 없다. '짐다방'은 1960년대 신포동(실제는 내동이다) 기업은행 건너편 번화가에 자리 잡았었고, '별다방'은 동인천역 앞 대한서림 빌딩 3, 4층에 있었다. 이들 다방은 일반 다방과 구별되는 '젊은 사람 다방'으로, 당시 우리 또래 대학생에게 '고급문화 욕구'를 채워 주는 유일한 장소였다.

거창하게 '고급문화 욕구'라고 말했지만, 실상은 여학생과 좀 더 편안히 있고 싶은 욕구의 표현이라는 말이 옳을 것이다. 그 시절 대학생들이 드나들 수 있는 대표적인 유흥 문화 공간은 다방과 당구장과 막걸리 집 그리고 영화관 정도였다. 그러나 당구장은 오로지 남성의 공간으로, 여성은 목욕탕의 남탕을 외면하듯 당구장 문 안쪽을 쳐다보지도 않았다.

사진 속 대한서림 건물 3, 4층이 '별다방'이었다.

영화관은 단둘이 어두운 공간에 가 앉아 있어야 한다는 부담이 따랐다. 더구나 그 영화관의 '어둠'을 여학생들은 '남자의 마음'으로 생각하는 경향이 있었다. 여학생들은 남학생과 영화관에 가는 것 자체를 망측스런 일로 여겼다. 그런 까닭에 아무리 뱃심이 좋아도 여학생에게 영화관 동행을 청하기가 어려웠다.

더구나 영화관 같은 데서 만에 하나 남의 이목에 걸리면 대번에 소문이 퍼지는 통에 대부분 영화관 데이트는 단념하는 터였다. 그렇다고 단둘이 아닌 여럿이 한 영화관을 정해 우르르 가는 것도 그렇게 수월한 일이 아니었다.

또 그 무렵 여학생들은 남학생들과 술집에 동행하는 일이 드물었다. 학교 인근 막걸리 집에서 과(科) 전체가 회합을 한다거나 친목 행사를 할 때에 한두 번 참여하는 것이 전부였다. 좌석에 앉아도 여학생들은 자기들끼리 구석에 모여 앉아 술은 한사코 사양하거나, 어쩌다 막걸리 양재기를 받아 들어도 전혀 입에 대지 않았다. 아마 당시 여학생들은 그렇게 하는 것이 그들이 견지해야 할 '고매한 품위'라고 생각했는지도 모른다. 생각해 보면 그때는 오늘날과 같이 전원이 잔을 들고 외쳐대는 '위하여!' 풍조도 없었던 것 같다.

이처럼 당구장, 영화관, 술집은 여학생과의 동행이 마땅치 않았지만, 다방만은 예외였다. 여학생들도 다방에는 아무 거리낌 없이 입장해서 남학생들과 마주 앉아 음악을 듣거나 선선히 잡담을 나누었다. 물론 자기들끼리도 예사로이 출입했다. 남녀가 다방에 마주 앉는 것은 영화관에 가는 것보다 훨씬 자연스럽고 훨씬 덜 부정적인 일로 생각되었다.

그런 까닭으로 다방은 여학생과 함께 있을 수 있는 최적의 공간이 되었다. 물론 거기에는 비용이 덜 든다는 또 다른 이유도 숨어 있었다. 커피 두 잔 값으로 한두 시간쯤은 누구의 간섭도 없이 오붓하게 보낼 수 있었으니 말이다.

기왕 비용 이야기가 나왔으니 당시 다방의 다소 궁상스러운 풍경도 이야기해 보자. 다방에는 커피나 홍차 외에도 '달걀' 메뉴가 있었다. 달걀은 반숙과 완숙 두 종류로, 급한 허기를 달래는 요깃거리였다. 반숙은 이를테면 수란(水卵) 같은 것으로, 달걀을 깨트려 '수란짜'에 넣고 끓는 물에 반쯤 익힌 것이고, 완숙은 완전히 찐 달걀이었다. 다방에 이런 메뉴가 있다는 것은 고 최병구 선생이 '은성다방'에서 이를 주문해 준 일이 있어서 알게 되었다. 하지만 여기저기 뒤져 봐도 이 메뉴가 언제, 어디서, 어떻게 시작된 것인지 알 길이 없다.

달걀 메뉴는 남학생끼리 다방에 갈 때 주로 애용했다. 그러나 여학생 앞에서는, 아주 허물없는 사이가 아니면 금기(禁忌) 메뉴였다. 식사를 거른 티를 내는 것으로, 속된 말로 '쪽 팔리는' 일이었기 때문이다. 달걀 메뉴 중에도 대부분이 완숙을 주문했는데, 거기에도 까닭이 있다. 양이 많기 때문이다. 완숙은 통째로 쪄 나오니까 애초 제 양에서 변화가 없지만, 반숙은 달걀이 끓으면서 너덜너덜해지는 흰자위 주변을 주방에서 예쁘게 도려내 '정리'를 해 주었다. 그만큼 양이 줄어드는 것은 말할 것도 없다.

또, 다방에는 여학생과 재미있게 즐길 수 있는 '놀이'가 있었다. '성냥개비 놀이'가 그것이다. 테이블에 놓인 성냥 통을 쏟아 개비 하나하나로 정성 들여 '두 사람의 탑'을 쌓아 올리거나 혹은 수수께끼 식의 문자를 만들고, 도형 문제를 내는 것이다. '성냥개비 놀이'는 어쩌다 화제가 끊겨도 두 사람을 지루하지 않게 붙들어 주었다.

아무튼 '젊은 사람 다방'으로, 그들의 '문화적 욕구'를 해결할 공간으로, 인천에서는 '짐다방'과 '별다방'이 대표적인 장소였다. 우리는 학교가 파한 후나 토요일 오후 시간을 '은성다방' 외에도 가끔 이 두 곳에서 보냈다.

DJ가 있던 본격 음악다방

'짐다방'은 처음에 주로 클래식 음악을, '별다방'은 재즈나 팝을 전문으로 틀었다. 기억이 분명하지는 않지만, 후일 '짐다방'은 클래식 고수 방침을 선회해 팝 음악도 틀었던 듯하다. 역시 썩 자신이 없지만, 이 두 다방은 1960년대 말이나 1970년대 초에 들어 DJ를 둔 인천 최초의 본격 음악다방 노릇을 하지 않았나 싶다.

실내가 그다지 크지 않았던 '짐다방'은 대체로 정숙한 분위기였는데, 의자의 편안함과 장중한 클래식 음악 이외에는 이렇다 할 특징이 없었다. 카운터 뒤에 베토벤의 데스마스크가 걸려 있지 않았는지……. 그러나 위치만은 예나 지금이나 '인천의 명동'으로 불리는 신포동 번화가, 오늘날의 패션 거리 한가운데 자리 잡은 이점이 있었다.

당시 머릿속을 점령하던 특이점은 다방 이름 '짐(朕)'이었다. 당시 다방 상호는 대중적이거나 부르기 편한 이름, 혹은 세련된 양풍(洋風)

으로 작명하는 것이 보통이었는데, 이 다방은 특이했다. 아주 간단명료해서 발음하기는 좋아도 뜻은 전혀 요해(了解)가 되지 않는 한자였던 것이다. 일상에서 거의 쓰이지 않는 이 한자의 뜻을 제대로 알게 되고, 획 또한 틀리지 않고 쓸 수 있게 된 것은 아주 뒤의 일이다.

'짐다방'에는 종종 그 위층의 탁구장에서 내기를 하고 땀을 흘린 뒤가 앉곤 했다. '은성다방'과는 지척이어서 거기 어른들의 분위기에 숨이 막히면 이리로 자리를 옮기기도 했다. 그러나 솔직히 고백하자면, 워낙 소양이 진중하지 못하고 성정도 고급 음악을 제대로 끝까지 듣지 못할 만큼 경망해서 '짐다방'은 도무지 체질에 맞지 않았다.

여학생으로는 I 여고 출신들이 이 다방을 제법 선호했다. I 여고는 당시 서울 쪽 대학에 입학생을 많이 배출한 여학교여서 그런 성향이 충분히 있었을 법하다. 그런데 이들 여학생이 모여든 것이 내가 눈물을 머금고 '짐다방' 출입을 삼간 한 빌미가 되었다. 차츰 여학생 손님의 수가 늘어나자 어디서 왔는지 좀 점잖지 못한 친구들까지 덩달아 많이 드나들었고, 약간의 불상사도 일어나 그 통에 발길을 끊고 만 것이다.

지금은 이 집이 그 자리인가, 저 가게가 다방이 있던 곳인가, 거기서 일어났던 일들이 까마득히 기억의 저편으로 사라져 버려 긴가민가해졌지만, '짐다방!' 이렇게 입으로 뇌어 보면 떠오르는 한 가지 슬픈 추억만은 또렷하다.

입대 직전인 1969년 여름의 이야기다. '짐다방'에 걸음을 하지 않고 지내던 어느 날, 고등학교 2년 밑의 후배 C가 거기서 DJ 일을 한다는 이야기가 들려왔다. 그는 바로 최병구 선생의 아들로, 서울대학교 사

중구 신포동(실제로는 내동) '짐다방'이 있던 자리

범대학 불어교육과에 입학해 있었다. 부친을 닮아 시를 썼고 개성이 강했다. 그러나 그의 개성을 그때는 잘 이해하지 못했다.

벼르고 별러 궁금증과 함께 상당한 시기(猜忌)를 품고 '짐다방'으로 향했다. 후배였지만 우리 동기 여학생들에게까지 그의 이름이 널리 알려졌던 것과, 그가 수많은 여학생에게 전한 편지 속의 시적인 구절들이 돌아와 우리 귀에 들리는 것이 시기의 한 원인이었다.

어둑한 실내에 무슨 음악이 흐르고 있었는지는 지금 기억이 없지만, 여러 여학생이 DJ 부스 유리창 너머로 C를 바라보던 장면은 확연하다. 그중에는 E 대학교 불어과에 다니던 K도 섞여 있었다. K는 C보다 2년 위로, 우리와는 중학 시절부터 친교가 있던 I 여고 출신이었다. 확, 심사가 틀리는 느낌이었다.

그로부터 며칠 뒤 우리는 C를 불러 앉히고 지금 생각해도 참으로 유치하기 짝이 없는 설교를 했다. "문학을 하려면 그따위 겉멋만 잔뜩 든 DJ 노릇을 당장 그만둬라", "연상의 여자를 끝끝내 사귈 수 있다고 생각하느냐?", "시는 연애편지가 아니다. 순수가 생명이다" 등등 입이 있는 자는 돌아가면서 C를 성토하고 매도(罵倒)했다.

젊은 그의 눈 속의 허무를, 젊은 우리는 읽지 못했다. 그리고 얼마 지나지 않아 입대했고, 더는 C의 일을 알 수 없었다. 그는 7대인가 8대인가 독자여서 입대가 면제되었을 것이다. 그런데 1972년 제대를 얼마 앞둔 시점에서 허망하고 가슴 미어지는 소식을 들었다. C의 자살 소식이었다. 그의 죽음은 그까짓 가정 문제 때문도, 여성 문제 때문도 아니었다. 그때는 이미 '짐다방' DJ 일에서 손을 뗀 뒤였고, 성정이 몹시 사나워져 있었다고 했다.

생각해 보면 그날 그를 앉혀 놓고 되지못한 말로 책망하던 것이 그와 이승에서 보낸 마지막이었다. 정말이지 '짐다방'은 우리 철없는 젊음의 한때를 이렇게 보내게도 했다.

어쩌면 그것은 위장된 문화적 욕구

메모지로 청해 듣던 신청곡

이제 '별다방' 이야기를 하자. '별다방' 역시 우리 젊음이 지나온 한 교차로, 그 철없는 궤적이다.

'별다방'은 1960년대 중반 이후에 생기지 않았나 싶다. 저녁 하굣길, 동인천역에 내려서면 제일 먼저 눈에 들어오던 다방이었다. '별다방'은 다른 다방과 달리 실내 규모가 컸다. 극장 내부처럼 두 개 층을 터서 넓고 시원한 느낌이었다. 당시 인천 최고의 요지요 번화가였던 동인천역 앞에 들어선 최신 건물로, 실내 장식도 상당히 호화로웠다. 지금의 대한서림 빌딩 1·2층은 별제과점이었고, 3·4층이 바로 '별다방'이었으며, 5층은 음악 감상실이었다. 현재의 대한서림 빌딩은 신식 전망 엘리베이터를 갖추고 있지만, 그때는 이런 '첨단 설비' 없이 그냥 층계를 오르내려야 했다.

'별' 음악 감상실 DJ였던 윤효중(오른쪽)과 유명 팝 DJ 김광한

'별다방'의 한 가지 특징은 듣고 싶은 음악을 정식으로 신청할 수 있었다는 점이다. 당시 다방 대부분이 레지 아가씨에게 구두로 부탁하거나 읽던 신문지 구석 같은 데에 제목을 적어 주는 식이었는데, '별다방'만은 자그마한 메모 용지에 제목을 적도록 했다. 레지가 가져간 신청곡 메모지는 유리창 너머 DJ에게 전해지고, 음악은 신청 순서에 따라 흘러나왔다. 그때 신청해서 들은 음악으로, 일본인이 작곡했다는 「포에버 위드 유(Forever with You)」라는 색소폰 연주곡이 있다. 아주 감미로운 선율 때문에 젊은 층에 인기가 높아 자주 신청되곤 했다.

'별다방' DJ는 우리가 'DJ' 하면 흔히 떠올리는 대로 목소리에 잔뜩 멋을 부려 쓸데없는 사설을 늘어놓거나 음악 해설을 하는 일이 없었다. 더구나 그의 뒷주머니에서 '도끼빗' 같은 것은 더욱 볼 수 없었다. 이런 이미지는 옛적 드라마 「아들과 딸」에서 일부러 꾸며 낸 소품이었을 것이다. '별다방' DJ는 시종 묵언으로 음악 트는 일에만 전념했다.

그러다 후일에 '별다방'이 인천 최초로 구변(口辯) 좋은 DJ를 두면서 정식 음악다방으로 변신했다는 이야기를 들었다. 그러나 그런 유의 음악다방을 우리는 경험하지 못했다. 그것은 아마 우리 또래가 입대를 한 뒤의 일이었거나, 아니면 제대 후 어느덧 '노장'이 되어 대학의 새내기나 그보다 고작 한두 살 위의 풋내기들이 드나드는 '별다방'에 발길을 끊고 다시 '은성다방'의 문예 분위기로 선회한 뒤일 듯하다.

그런가 하면 '별다방'에 이어 그 위 5층에 서울의 '세시봉'과 같은 전문 음악 감상실이 생기기도 했다. 바로 여기에 구변 좋은 DJ가 있었는데 역시 학교 2년 후배요, '짐다방'의 DJ였던 C와 동기생인 윤효중이었다. 그는 재즈와 팝 음악에 해박한 데다 유창한 능변으로 한때 인천의 여학생 팬들에게 대단한 인기를 끌었다. 그러나 유감스럽게도 그의 활약상을 실제 현장에서 보지는 못했다.

이 다방과 음악 감상실에는 인천 출신 가수 송창식이 아직 무명 시절이어서 이따금 들르곤 했다고 한다. 근래 인천교통방송에서 과거 인천 지역에서 이름난 DJ들을 불러 특집 방송을 한 적이 있다. 이어 중구에 있는 맥줏집 '항수'에서 그를 비롯한 왕년의 DJ들이 모여 추억의 잔치를 연 적도 있기는 하다.

'별다방' 계단참에 서성이던 청춘

'별다방'의 추억을 떠올리자면 거기 레지였던 매력적인 미스 G에 관한 것이 제일 먼저일 터이다. 늘씬한 키에 서글한 눈빛, 코가 높고 이마가 아름다웠다. 희랍 여성! 비너스 상이었다. 추근거리는 남자들을 경계해서였는지 그녀는 좀처럼 웃는 모습을 보이지 않았다. 차를 주문할 때나 음악을 신청할 때, 흘끗 이쪽 얼굴을 한번 보아 주고는 아주 보일 듯 말 듯 희미한 미소를 입가에 떠올리곤 했다.

G에게 누구 하나 제대로 말을 걸어 본 사람은 없어도 내심 그녀를 보러 매일이다시피 '별다방' 계단을 오르던 친구들은 여럿이었다. 개중에는 우리가 처음 다방 비용 조달을 위해 혼비 영영사전을 돌아가며 헌책방에 넘기기로 작정했던 것을 고스란히 답습한 친구들도 있었다. 여러 권의 도서를 들어다 창영동 헌책방 거리에 내던진 동기생과 벌써 세상을 떠나고 없는 그 근처 친구도 생각난다.

우리는 자주 이 '별다방'에 모여 앉았다. 여학생을 만나기도 하고 G의 얼굴을 바라보기도 했다. 아주 가끔 문학 이야기나 그림 전시회, 음악회도 화제에 올리곤 했다. 그러나 대부분의 대화가 여학생을 만나는 일이나 당구 치는 일, 술 마시는 일, 좋은 영화에 관한 것들이었다. 여름 방학 무렵이면 캠핑 갈 일, 크리스마스 때면 통금 해제에 맞추어 밤새워 놀아 볼 궁리 같은 것이 전부였다. 우연이었는지 '별다방'에서는 학생 신분으로서 썩 바람직하지 않은 그 같은 모의를 주로 했다.

돌이켜 보면 우리가 다방에 드나드는 행위는 1930년대 저 '다방 선조'들에 비해 얼마나 얼치기이며 엉터리였던가 하는 생각이 든다. 우리가 하는 짓은 예술을 위해서도, 순수 끽다의 선적(禪的)인 경지를 향해서도 아니었다. 아무런 건설적인 지향 없이, 담배 연기 자욱한 다방 구석에 죽치고 앉아 무작정 시간을 죽이던 행위! 더구나 책을 팔아서까지 다방을 다녔으니……. 김안서의 탄식이 지난날 우리들의 행동을 나무라는 듯 통렬하고 뼈저리다.

술을 좋아하는 탓이겠지마는, 나는 찻집이라는 데를 그렇게 가고 싶어 하지 않는다. 차 한 잔을 앞에다 놓고서 한 시간 두 시간을 눈이 멀뚱해서 앉아 있는 꼴이란 아무리 보아도 싱거운 짓이다. 그만한 시간을 이용을 하여 하다 못해 책점에 가서 책 구경을 한다면 그 얼마나 좋은 일이냐 말이다.

한마디로 '은성다방' 출입이 건방진 '예술가적 취향'을 만족하기 위한 것이었다면, '짐다방'이나 '별다방' 출입은 솔직히 위장된 '문화적 욕구' 충족이 그 목적이었다. 그런 중에는 지금 생각해도 참으로 죄질이 나쁜, 영원히 용서받지 못할 행위가 있었음에 스스로 몸서리를 치게 된다.

K는 I 여고 출신으로 같은 대학 간호과에 다니던 동갑내기 여학생이었다. 지금의 신포동 패션 거리에서 내동 언덕으로 올라가는, 정미소가 있던 골목 안쪽에 살았는데, 집안이 꽤 부유한 편이었다. 키도 작지 않았고, 거기에 또 얼굴도 빠지지 않는 미모였다. 굳이 결점을 찾으라

면 코였는데, 코의 윤곽이 아주 조금, 강해 보이는 듯했다. 그러나 이는 일부러 흠을 잡고 지적하기 위해서 하는 말일 뿐이다.

어떤 계제로 피차 말문이 트였는지 자세히 기억나지는 않지만, 아마 아침저녁으로 같은 통학 기차 안에서 얼굴을 마주치다가 그렇게 되었을 듯싶다. 하기는 전부터 학교로 향하는 교외선 기차 안에서 K의 눈길을 한두 번 느꼈던 것 같기도 했다.

어떤 일은 굉장히 활달하게 처리하면서도 또 어떤 일에 대해서는 지나치게 소심한 이중성격이어서 이쪽에서 먼저 말을 건 것 같지는 않다. 어느 늦은 봄날, 그녀가 기차에서 내리면서 먼저 한글 맞춤법 몇 가지를 물어 온 것이 처음일 것이다. 다행히 제대로 답변을 해 주었고, 그것이 계기가 되어 서로 눈인사를 하는 정도로 발전했다.

그러다가 그해 가을에 열린 연고전(延高戰)에 같이 기차를 타고 올라가게 되었고, 그 뒤로 급속하게 사이가 가까워졌다. 그러나 마음에는 K 말고 이미 P가 있었다. P는 다른 여자대학 기악과에 다니고 있었다. 물론 P와는 아직 깊은 대화를 나눈 적이 없는 마음뿐인 상황이었지만, K에게 그런 사실까지 털어놓을 마음은 나지 않았다.

"내일 학교 끝나고 6시쯤 별다방으로 나올래요? 이야기 좀 하고 저녁 먹어요."

2학년 여름방학을 얼마 앞둔 초여름 날이었다. 44년의 세월이 지났어도 '별다방'으로 나오라는, 그리고 저녁을 먹자는 그녀의 목소리가 여전히 귓가에 선명하다. 어째서 거부하지 않고 그냥 고개를 끄덕였던 것일까. 무슨 핑계라도 대고 정중히 데이트를 사양했다면 그만일 것을

사진 오른쪽 가장 높은 건물이 별다방 건물. 6층 계단참에 숨어서 K를 한없이 기다리게 했다.
당시에 동인천역 광장은 이렇게 한산했다.

왜 선뜻 약속하고 만 것일까.

동인천에는 훨씬 먼저 도착했다. 옛 대한서림에서 책 구경을 하다가 '별다방'으로 올라갔다. 그러나 다방 안으로 들어가 자리를 잡는 대신 곧장 건물 6층 계단참으로 올라가서 동인천역 광장을 내려다보았다. 1967년의 역 광장은 오늘에 비하면 그저 휑하니 빈 마당에 불과했다. 그렇게 한 30여 분을 기다리자 서울 쪽에서 기차가 내려왔다. 흰 블라우스를 입은 K가 인파를 헤치고 빠른 걸음으로 '별다방' 쪽으로 다가왔다.

곧 그녀의 자태는 내려다보고 있는 건물 안으로 빨려 들어가고 말았다. 이제 층계를 올라오리라. 그런데 몸은 6층 계단참에 얼어붙은 듯

움직여지지 않았다. 역 광장의 시계탑이 그렇게 근 40분 가까이 시간이 지났음을 알려 주었다. 다시 흰 블라우스가 아까와 정반대 자세로 건물을 나섰다. 땅을 내려다보듯 약간 고개를 수그린 채였다.

몹시 자존심이 상했을 것이다. 함께 차를 마시기 위해 그녀는 30분 이상을 기다렸을 것이고, 그러다가 끝내 혼자 주문을 했을 것이다. 그 비애의 순간의 커피 맛은 말하기도 싫을 만큼 썼을 것이다. 나는 이마에 맺힌 땀을 닦으며 울고 싶은 마음이 들었다. 나 자신을 알 수가 없었다.

대학을 졸업한 직후였는지, 아니면 졸업 후 얼마 지난 뒤였는지, K는 홀연히 미국으로 떠나 버리고 말았다. 그 후로도 영영 K의 소식을 들을 수 없었다.

지금도 대한서림 빌딩 밑을 지나려면 한 나쁜 사내가 옛 '별다방' 옥상으로 통하는 맨 위층 계단참 창문에 매달려 아래를 내려다보고 있는 듯한 착각을 하게 된다.

그 시절 다방, 아련한 이름들

찾아보기 어려운 다방의 기록

서울의 다방다운 다방의 새 기원(紀元)을 지어 준 낙랑이 여기 있고, 그다음으로 7년의 역사를 가진 뿌라타나는 서울서도 가장 친밀하고 가정적 분위기를 자아내는 곳이다. 새로 생기는 나전구(羅旬區)도 이 새봄을 기다려 남창(南窓)을 열 것이요, 미모사는 훨씬 규모가 짜여서 명랑(明朗)보다도 안일(安逸)의 순간을 제여(提與)한다. 음악을 찾는 이는 엘리사로, 더 멀리 돌체의 탐탁한 작은 문을 두드리기도 하리라. 이 봄을 장식할 고운 멜로디의 주인공은 누구일까? 본아미를 좋아하는 이의 발걸음은 아직도 명과(明菓)나 금강산을 버리지 아니할 것이나, 미령(美鈴)의 1층은 잠시 태양과 친할 포근한 몇 개의 자리를 갖추어 있고, 프린스는 봄밤의 그림자를 가득히 품어 있다. 혼자 무유(無悠)히 써니의 2층에 오르면 검은 비로드의 남벽(南壁)이

정다운 손길을 기다리고 다이애나 성림(聖林)의 아메리카적 기분을 좋아하여 발을 멈추는 단골손님도 있으나, 노아노아의 흰 원주랑(圓柱廊)을 거쳐 넓은 백색 공간, 더 높이 한 층계를 오를 수도 있다. 그러나 백룡(白龍)은 언제나 화려(華麗)가 경허(輕虛)에 흐르지 않은 매혹으로 넉넉히 시간을 저버리고 앉아 있을 수 있으며, 더욱 페치카의 정취는 겨울보다도 봄밤의 온기를 전하기에 더 정답지 않을까?

1938년 5월 『삼천리』 잡지에 실린 이헌구의 수필 「보헤미앙의 애수의 항구, 일다방 보헤미앙의 수기」는 이미 앞에서 일부 인용한 바 있다. 이번에 소개한 것은 그중 또 다른 일부분이다. 당대의 문필가로서 그 무렵 서울의 각 다방이 가지고 있던 각각의 개성과 나름의 특징을 아주 간결하면서도 감성적으로 감칠맛 나게 묘사하고 있다.

그는 다방 애호가답게 당시 서울의 다방들 위치를 지도로 그리기도 했다. 물론 서울이라 해도 그때는 인구가 적고, 잡다한 업소들 역시 적었던 데다가 다방도 종로와 소공동, 명동을 통틀어 불과 몇 군데 안 되었기 때문에 가능했을 것이다.

1960년대 후반에 이르면 다방은 그야말로 '거리의 공원', '거리의 응접실'로서 전국에 유행처럼 늘어나, 인천에도 이미 100여 곳이 넘었다. 워낙 많은 다방이, 그것도 대부분 중구 일원에 밀집해 있었기 때문에 몇몇 다방을 제외하면 그 집이 그 집 같고, 그 다방이 그 다방 같았다. 그러니 일일이 기억한다는 것이 불가능했다. 더구나 박태원이나

중앙 다방
냉방중

이헌구 같은 다방 순례자가 있었던 것도 아니어서 이렇게 재미나면서도 대번에 어느 한 다방이 머릿속에 퍼뜩 떠오르게끔 글을 남긴 사람도 없다.

수필가 김길봉 선생이 붉은색 줄이 쳐진 원고지를 다방 등불 밑에서 침칠을 해 가며 넘기던 기억이 있으나 다방 이야기는 아니었다. 최병구 선생도 이따금 볼펜으로 원고지 위에 죽죽 글을 써 내리던 모습이 떠오르지만 역시 다방 이야기는 아니고 대부분 시(詩)였다.

앞 장에서 이야기한 대로 화가 우문국 선생이 각종 미술 전시회를 회고하면서 쓴, 그때그때 순례하던 단편적인 다방들 이야기와 미술 평론가 김인환 교수의 우문국 선생과 관련한 '은성다방' 일화가 고작이다. 이것도 그 집 한 군데에 한한 이야기로, 이헌구처럼 여러 다방을 떠올리게 하는 글은 아니다.

1960년대 추억의 다방들

1960년대 동인천역 축현파출소 옆 건물 2층이 '미담다방'이었다. 이 '미담다방'에서 처음으로 모닝커피를 먹어 보았다. 아침 6시 50분발 서울행 통학 열차를 놓치고 나니 다음 강의 시각까지 여유가 있었다. 마침 나처럼 차를 놓친 H와 우연히 이 다방에 들어가 커피를 주문했다. 그랬더니 난데없이 달걀노른자가 뜬 모닝커피를 가져오는 게 아닌가.

이것이 과연 일반 커피와 같은 가격일까, 하는 불안감으로 H 앞에서 내심 크게 마음을 졸였다. 실내가 넓었으며 그 후로도 마담이 썩 친절하게 잘해 주었다는 기억이 남아 있다. 가수 정원이 가슴을 짜내듯 부르던 「미워하지 않으리」를 다음 날 오후에 그 다방에서 들었던 생각도 난다.

그 건물 1층에 '일번지다방'이 있었다고 하는데 전혀 머리에 떠오르지 않는다. 아마 한 번도 가 보지 않았기 때문일 것이다. '명다방'은 동인천에서 용동 마루턱이 방향으로 오르다가 우리은행 못미처, 작은 골목 모서리의 휴대전화 업소와 나란히 붙은 보건약국 자리쯤에 있었다. 1960년대 중반 무렵 젊은 대학생들이 한때 우르르 드나들던 곳이다. 그 바람에 건달들이 많이 꼬여서 이내 우리의 출입이 시들해지고 말았다. 실내 장식이나 음악, 다방 전체 분위기, 레지, 어느 것도 그다지 별다른 특징을 지니지 못했는데도 손님이 많았던 것은, 아마 동인천역이 가까워 기차 통학생들이 이용하기 편해서였을 수도 있겠다.

그 건너편 2층, 지금 맥도날드 자리가 '상록수다방'이었다. 홀은 넓었지만 역시 '명다방'과 크게 다를 바 없었다. 경동사거리, 지금의 내동 패션 거리 입구를 막 건너 신포시장 쪽 모퉁이의 시채널안경점 자리가 한때 청요리로 이름이 높던 중국집 '영풍루'였다. 거기서 신포시장 쪽으로 두 집쯤 내려온 곳에 '태양다방'이 있었다. 이 다방은 1980년대까지 존속하지 않았나 싶다. 입구와 벽, 천장이 바위 동굴처럼 장식되어 어둑한 느낌이었던 것이 기억난다.

신포동 시장 손님이 많기는 했지만, 이 다방이 의외로 가 앉았기가 편해서 종종 다녔다. 그런데 이렇게 편안할 듯싶은 곳을 물색해 놓으면 영락없이 건달들이 들이닥쳐 분위기를 흩트려 놓았다. 군사 정부

아래였는데도 당시는 거리에서 주먹싸움을 하거나 대낮에 패싸움도 종종 일어날 정도로 기강이 잡혀 있지 않았다. 강압으로는 한계가 있다고 판단해서 정부가 적당히 풀어 놓았던 것인지도 모르겠다.

그런 탓에 여학생과 다방에 앉아 있으면 툭하면 학생인지 건달인지 모를 몇이 다가와 일부러 바로 옆 테이블을 차지하고서는 말로, 행동으로 공포 분위기를 조성하거나 표 나게 시비를 걸어와 곤경에 빠트리곤 했다.

'통일다방'은 애관극장 맞은편쯤에 있었던 것으로 생각하는데 정확한 위치를 짚지는 못하겠다. 실내가 환해 크게 우울한 느낌은 없었던 것으로 느껴진다. 그 일대 상점 사장들이 잠시 휴식을 하거나 손님을 만나러 왔기 때문에 우리 또래가 모여 문학이나 음악 이야기를 하기에는 다소 불편했다.

이 다방은 그 근처에서 자전거포를 하는 고교 동창생 집에 놀러 갔다가 가끔 올라 다녔다. 여기서는 우리가 대학에 들어간 뒤 한동안 모여서 중창처럼 부르던 「유 아 마이 선샤인(You Are My Sunshine)」이나 슬림 휘트먼의 「애니 로리(Annie Laurie)」 같은 노래를 들을 수 있었다. 고등학교 시절 은사 최승렬 선생께서 제자 네댓 명에게 막걸리 끝에 여기서도 커피를 사 주신 기억이 있다.

중구 중앙동 4가 옛 '미조리' 일식집이 있던 건물 위층이 '아카데미다방'이었다. 이 다방은 이상하게도 문학이나 그림을 하지 않는 친구들과 더 자주 드나들었다. 레지의 성이 L이었는지 J였는지 흐릿한 가운데도 무척 친절했다는 생각이다. 입구가 넓은 길 쪽으로 나 있었는데 '은성다방'처럼 2층으로 오르는 계단이 나무 계단이었다. 쿵쿵 울리는 소리는 있어도 삐걱거리는 소리는 나지 않았다.

대학 1학년이던 1966년 봄, 이 다방의 어두운 조명 아래에서 「바벨탑」이라는 시를 썼고, 그것이 후일 학교 신문에 게재돼 크게 호평을 받았다. 신문사로부터 원고료라는 것도 처음 받아 몹시 흥분했었다. 그 금액이 생각 밖으로 두둑해서 친구 몇을 이끌고 와 커피를 마셨던 생각이 난다.

그런 이야기를 어떻게 알았는지 그녀가 조금 관심을 보이고 우리 패를 더욱 우호적으로 대해 주었다. 별일까지는 가지 않았지만, 그 뒤 그녀를(그냥 L이라고 부르자) 친구네 여인숙에서 하룻밤 공짜로 재워 준 적이 있다. 1968년 겨울, L이 그 다방을 그만두었기 때문이다. 당구장을 들렀다가 몇이 저녁 시간에 우연히 그 다방에 들렀는데, L이 그날로 그만둘 것이라는 이야기를 한 것이다.

고향이 경기도 어디라고 들은 듯한데 역시 기억이 흐릿하다. 기왕 차도 끊겼으니 우리와 동행하기로 하고 신포동 막걸리 집으로 갔다. 통금이 가까워지도록 앉아서 L도 제법 몇 잔을 했고, 우리도 상당히 취할 만큼 마셨다. 그런 중에 누군가가 호기를 부렸다. 친구 L네로 가서 재워 주자는 것이었다. 친구네는 남구 숭의동에서 여인숙을 하고 있었다.

없는 돈에 가까스로 택시를 타고 우리가 가끔 묵는 친구네 여인숙 골방에 L을 넣어 주었다. 물론 친구 어머니 눈을 피해서였다. 그러니까 이 방은 손님용이 아니라 친구 L네가 쌀가마니나 고구마 부대 같은 것을 보관하는 별도의 식품 창고 같은 방이었다. 바깥으로 불빛이 새어 나갈까 보아 불도 켜지 못한 냉방에서 친구 L과 L양, 또 다른 친구 K, 이렇게 넷이서 목소리를 낮춰 3홉들이 소주 한 병을 더 마셨다. 우리는 날이 밝아서야 L이 소리 없이 떠나간 줄을 알았다. 윗저고리 주머니 속에 든 쪽지에는 "꼭 좋은 시인 되세요" 이렇게 적혀 있었다.

별별 일 다 있던 일상 공간

기왕 허튼말이 났으니 내친김에 다방에서 있었던 웃지 못할 봉변기(逢變記)도 소개한다. 당시 인천시청, 그러니까 지금의 중구청 정문 아래 오른쪽 첫 골목 초입쯤에 있었던 다방에서다. 이곳 다방 이름을 기억할 수 없어 여러 사람에게 물어 보았지만, 아무도 답을 하지 못했다. 기억하시는 독자가 계시면 부디 알려 주시기 바란다.

누구를 만나러 갔던 것 같다. 그렇지 않고서야 우리가 노는 바닥도 아닌, 완전히 어른 다방 구역에 혼자 월경할 리가 없었다. 먼저 가 앉아 기다린 지 한 20여 분이 지났을까. 두 테이블쯤 건너에 중년의 아저씨와 마담 아주머니가 나란히 앉아 이야기를 주고받다가 문득 말을 끊고 내 쪽을 쳐다보았다. 눈을 마주치는 것이 쑥스러워 이쪽에서 얼른 시선을 돌렸을 것이다.

그 순간 마담이 자리에서 일어나 주방으로 가더니 잠시 뒤에 차 쟁반을 받쳐 들고 내게로 왔다. 내게 다가온 마담 아주머니는 눈웃음을 웃으면서 "저기 저 사장님이 학생에게 사 주시는 거예요" 하며 쌍화차 한 잔을 내 앞에 내려놓았다.

나는 의아한 얼굴로 건너편 아저씨를 쳐다보았다. 그러자 그분은 빙긋 웃으며 고개를 끄덕해 보였다. 마셔도 좋다는 의미였다. 조금 불편한 느낌이었지만 나 역시 감사의 뜻으로 조금 고개를 숙인 뒤 조심스럽게 쌍화차를 한 모금 마셨다. 이 역시 태어나서 처음 먹어 보았다.

그리고 잠시 뒤, 이번에는 그 아저씨가 자리에서 일어나 내게로 오

햇살이 은은히 비쳐 드는 다방 내부

는 것이었다. 그 아저씨가 앞자리에 앉지 않고 바로 내 옆 오른쪽 의자에 앉는 통에 놀랐는데, 아저씨는 아주 다정하게 혼자 왔느냐, 어느 학교 몇 학년이냐 따위를 물었다. 내 대답을 듣는 둥 마는 둥 갑자기 그 아저씨의 오른손이 내 오른쪽 무릎 위에 얹혔다. "얼굴이 잘생겼군" 하며 좀 더 가까이 다가앉으며 이번에는 왼손을 내 어깨에 올려놓았다.

얼른 마담 쪽을 보았지만, 마담은 카운터에 엎드리듯 등을 보인 채 전화를 하고 있었다. 직감적으로 무엇이 잘못되어 가고 있다는 생각이 들었다. "내일 저녁에 또 오겠어?" 그 아저씨의 질문에 나는 목이 쉬어 들어가는 느낌이었다. 아마 아무 대꾸도 못 했을 것이다. 그리고 구사일생, 그 순간 내가 기다리던 '누구'가 다방 문을 밀고 들어섰다. 생전 처음 먹어 본 쌍화차 값을 그 정도로 치른 것으로 봉변은 끝났다.

지금은 그렇지 않지만, 그 시절에는 세상 모든 일이 다 다방에서 이루어진 듯싶다. 하도 다방이 일상화되어 있었기 때문에 이런 궂고 시답지 않은 이야기까지도 다방에서 비롯하였고, 그것이 이제 늙어 가는 기억 속에 쓴웃음으로 남는다.

다방의 특이한 메뉴 '깡티·위티'

커피와 차 그리고

'다방!' 하면 일단 커피를 떠올린다. 커피가 다방의 대표적인 메뉴이기 때문이다. 우리나라에 도입된 초기 다방의 형태가 서양의 '카페'를 본뜬 일본풍의 그것을 답습한 것이었으니, '개화 음료, 모던 음료'인 커피가 주종을 이룰 수밖에 없었을 것이다. 그리고 그것이 일본인의 '개량(改良)'이었는지, 아니면 애초 서양의 카페에서도 그랬던 것인지는 몰라도 커피 외에 우유, 칼피스 같은 음료와 케이크, 과일 같은 것도 메뉴에 들어 있었다.

그러나 다방을 논하려면 역시 커피를 말해야 하고 그 향기를 운위해야 한다. 커피 애호가! 그것이 진정한 '모던 보이, 모던 걸'의 자격이기 때문이다. 그런데 우리가 다방에 다닌 것은 커피 맛을 알아서가 아니었다. 고작 몇 잔, 뜨내기처럼 커피를 입에 대 본 주제에 그 맛을 잊지 못해 다방에 다녔다는 것은 말이 안 된다. 오직 문화 예술인 흉내 내기, 겉멋, 치기였다고 하는 것이 옳을 것이다. 다방 이야기를 쓰는 지금도 과연 커피에 관해 말할 만큼 애호가인가 자문해 보면 고개를 가로젓게 된다.

이 글의 사진 촬영과 자료 정리 등 중요 조수(助手) 일을 보아주는 김효선 양이 대단한 커피 전문가, 애호가들을 찾아 주었다. 그중 프랑스의 정치가이며 외교관이자 성직자였던 탈레랑(Charles-Maurice de Talleyrand P.)은 "커피의 본능은 유혹, 진한 향기는 와인보다 달콤하고 부드러운 맛은 키스보다 황홀하다. 악마처럼 검고 지옥처럼 뜨거우며 천사처럼 순수하고 사랑처럼 달콤하다"고 했다. 그러나 그의 커피 예찬 중에 동감하는 구절이라면 고작 "악마처럼 검고" 이 한마디뿐이다. 김 양은 또 터키에는 "커피는 지옥처럼 검고, 죽음처럼 강하며, 사랑처럼 달콤하다"는 속언이 있다는 것도 알려 주었다. 발자크(Honore de Balzac)도 지독한 커피 애호가로 하루에 80잔을 마시며 글을 썼다고 한다.

작가 이효석도 대단한 '커피한(漢)'이었던 듯하다. 1933년 4월호 『삼천리』 잡지에 실린 그의 「작가 일기」는 커피 애호가의 면목을 여실히 보여 준다. 물론 그 내용 중에 발자크의 이름도 나온다.

> 나남 가서 진하고 뜨거운 커피 한 잔 먹었으면—. 으슬으슬 추우니 반일(半日) 동안 커피 망상(忘想)만 나다. 이제는 거의 인이 박인 듯하다. 평생 커피 편기(偏嗜)하였다는 발자크의 풍류를 본받아서가 아

니라 언제부터인지 모르는 결에 깊은 인이 박여 버린 것이다. 그러나 시골서는 좋은 커피 구하기가 얼마나 어려운가. 낱 채로 사다가 찧었다는 진짬 '자바'를 나남 끽다점에서 나누어다가 넣어 보아도 진짬 맛은 나지 않는다. 찧어서 통에 넣은 '브라질' 같은 것은 두 층이나 맛이 떨어진다. 서울서 진한 다갈색의 향기 높은 '모카'를 마시는 동무는 얼마나 다행한가.

커피 맛에 대해 매우 전문가적인 평판을 하고 있다. 다음에 보는 작가 안회남의 커피를 향한 간절한 '애호의 정(情)'도 재미있다.

돈이 있었으면 나가서 점심 좀 잘 먹고 영화를 구경하고 커피 한 잔 마시며 레코드나 듣고 왔으면 마음이 달떠서 죽겠는 판에 어머님께서 술과 저육(猪肉)을 가지고 들어오시다. 커피 한 잔 들이켜는 것밖에 좋은 것은 없다.

그러나 이 같은 커피 예찬론자도 많았지만, 유해론자(有害論者)도 적지 않았고, 꺼리는 사람들도 있었다. 커피의 유·무해를 떠나 처음부터 이 '양탕국'이 입에 맞지 않는 사람도 있었을 것이다. 그런 사람은 커피 대신에 다른 차나 음료를 찾았을 것이고, 그렇게 해서 다방에 다양한 메뉴가 생겼을 수 있다.

또, 다방에 들어서면 누구든 차 한 잔은 마셔야 한다는 모면할 수 없는 '원칙' 때문에도 다른 차가 생길 수밖에 없었을 것이다. 찻값이 곧

'머릿수에 따른 자릿세'였으니 생리적으로 커피를 멀리하는 사람에게는 다른 무엇으로 그 값을 대체하게 해야 하지 않겠는가. 손님을 위해서나, 다방을 위해서나, 다른 음료와 간식의 등장은 당연했으리라.

다만, 1930년대 우리나라 다방 선구자들과 달리 1960년대 우리 시대에는 다방에서 커피 외의 다른 음료나 간식거리를 주문하는 일을 은연중에 좀 품격이 떨어지는 행위로 치부했다. 더구나 여학생 앞에서 (이미 둘 사이가 오래되고 깊어 속셈을 다 알면 예외일 수 있지만) 달걀 반숙을 시킨다든지, 사이다나 콜라 따위를 주문하는 일은 매우 치신없는 행동이었다.

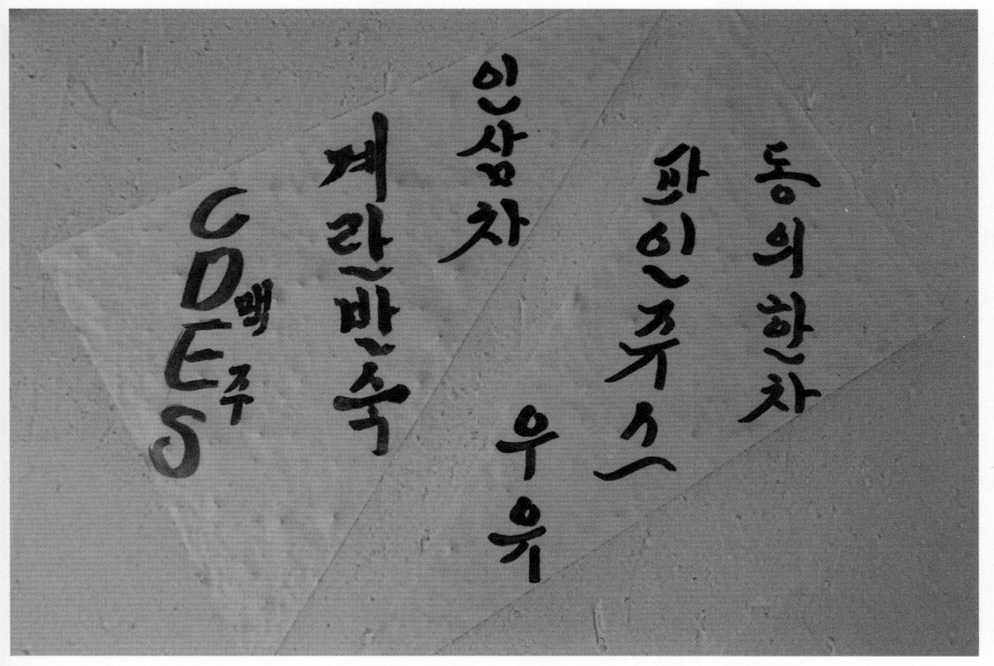

다양한 메뉴의 흔적

초기 우리나라 다방의 메뉴가 전체적으로 기록된 자료는 없다. 결국, 여기저기 보이는 단편적인 자료들을 모아 그 내용을 구성할 수밖에는 없지만, 비교적 다양한 종류가 있었던 것 같다. 먼저, 1932년 『별건곤』 5월호에 실린 최상덕의 「더 큰 행복을 빌자, 전날의 애인을 노상에서 만날 때」라는 글에서 오늘날의 레몬차인 '하트 레몬'을 발견할 수 있다.

> 차점〔喫茶店〕에를 갔다가 맞은편 박스에서 딴 사내와 이마를 맞대고 '하트 레몬'을 마시고 있는 그이를 위하여도 행복을 빌자.

당시는 일본 음료가 판을 치던 시대이니 여름 음료인 '라무네(레모네이드)'와 함께 뜨거운 레몬차가 있었고, 그것이 오늘에 이어진 듯하다.

> 나는 그래도 속은 멀쩡하니까 칼피스를 한 잔 주문하고 테이블에 엎드려 있으려니까 그 여자들은 저희끼리 나를 가리키며 무엇이라고 한참 하며 웃고 낄낄대더니 하나씩 둘씩 카운터로 들어가더니 다시는 나오지 않고 나중에는 마담 하나만이 있을 뿐이더니 칼피스를 가져온다. 나는 컵에 꽂힌 스트로도 다 집어 던지고 그대로 들어 단숨에 마시고 또 한 잔을 청하였다.

이 글은 신경순이 1935년 『개벽』 1월호에 쓴 실화 「미까도의 지하실」의 한 구절이다. '컬피스'로 표기된 것을 칼피스로 고쳐 썼다. 칼피스(Calpis)는 "우유를 가열, 살균하고 냉각, 발효한 뒤 당액(糖液) 칼슘을 넣어 만든" 일본 음료수라고 하는데, 그 시절의 다방 음료였음을 알 수 있다. 야쿠르트와는 다른 것으로, 연속극 같은 데서 "시원하게 칼피스나 한 잔" 운운하던 대사가 귀에 쟁쟁하다. 실제 1970년대 초반 무렵까지 다방 메뉴로 존속했던 것 같다. 소설가 최일남은 "초등학교 때 일본 칼피스는 먹어 봤다. '첫사랑의 맛'이라고 선전하던 쌀뜨물 색 음료 말이다"라고 회상한다.

> 복혜숙 피곤한 머리를 쉬러 오시느니만치 고요히 '고-히'를 마시며 담배 연기 뿜으며 생각들 하는 듯해요. 그중에는 '킹 오브 킹'이나 '화이트 호스' 몇 잔을 마시고 취흥이 도도하여 도원경(桃源境)에 배회하는 이도 있고요.

이 역시 1936년 『삼천리』 12월호에 실린 '끽다점 연애 풍경'이라는 좌담 기사의 일부로, 다방 '비너스'의 마담 복혜숙의 대담 내용이다. 커피를 당시 일본 발음으로 '고-히'라고 이르던 것과 함께 칵테일 메뉴를 확인할 수 있다.

이 밖에 1934년 5월 『삼천리』 잡지 '끽다점 평판기'에서는, 순전히 필자의 주관이었겠지만, 당시 서울 다방들의 대표 메뉴를 선정해 놓아 부분적이나마 메뉴를 살필 수 있다.

먼저 이순석의 다방 '낙랑파라'에 관해서는 "빨갛게 타는 난로 앞에서 아이다야, 아이다야 하는 로서아(露西亞)의 볼가 노래나 들어 가며 뜨거운 밀크를 마시는 겨울의 정조(情調)! 이는 실로 낙랑 독특(獨特)의 향미(香味)"라는 상찬과 함께 "맛난 티(茶)와 케이크, 프루트(과일)" 등이 유명하다고 쓰고 있다. "케이크를 포크로 쿡 찔러 먹었다. 갑자기 내가 몹시 올라가는 것 같다. 김치를 젓가락으로 먹는 것보다 한층 더 문화적임에 쾌감을 느낀다"는 작가 이선희의 글이 '낙랑' 케이크의 명성을 뒷받침한다.

'뿌라타나'에는 양유(羊乳)가 특색이고, '본아미'는 다른 다방보다 값은 비싸지만 홍차가 마실 만하다고 쓰여 있다. 다방 '멕시코'에 관해서는 "오뉴월 삼복에 마실 만한" 음료로 단연 소다수를 들었다. 다른 자료이지만, 1936년 조선혁명당 관련 사건으로 조선인 유광호가 경성지방법원에서 검사의 심문을 받을 때, "미소식당 건너편 집에서 모두 밀크셰이크를 한 잔씩 마셨다"고 진술하는 대목도 있다.

그러니까 이 무렵 다방 메뉴는 커피를 비롯해 홍차, 우유(양유), 밀크셰이크, 칼피스, 하트 레몬, 소다수 외에 케이크와 과일 그리고 약간의 칵테일류가 있었던 듯하다. 이 메뉴가 광복과 함께 다소의 변화를 일으키고, 그것이 6·25 전쟁 때까지 이어져 온 것 같다.

메뉴에 없는 메뉴

1951년 12월 2일 「동아일보」는 보건부가 발표한 '고급 요정 및 유흥업자 준수 사항'이란 기사를 게재했는데, 당시의 음료 가격과 함께 주 메뉴의 변화를 읽을 수 있다.

특이한 것은 '맥차(麥茶)'로, 500원이란 가격이 매겨져 있다. 값이 다른 차에 비해 현저히 싼 것으로 보아 이것이 후일 식당이나 다방에서 공짜로 놓아 주던 단순한 '보리차 물'이 아니었을까 생각된다. 전쟁 중이라 조달이 쉽지 않았던 탓에 보리차에도 값을 매겼던 듯싶다. 주 메뉴는 생소다 800원, 홍차 900원, 커피 1,000원, 밀크 1,100원, 코코아 1,000원, 밀크커피 1,100원 등으로 고시되어 있다. 이 화폐 단위는

커피 물을 끓이거나 쌍화차를 탈 때 쓰는 사구(사진 제공: 인천광역시립박물관)

1953년 2월, 화폐 개혁 전의 것이다.

이 무렵까지만 해도 이른바 '달걀' 메뉴는 없었던 것 같다. 1960년대에 이르러 양계(養鷄)도 차츰 자리를 잡아 시중에 달걀이 나돌게 되지만, 아직은 시장한 사람이 있어 다방이 반숙, 완숙 따위를 내놓게 되었을 것이다. 그러면서 또 하나 특이한 메뉴가 생겼는데, 소위 '깡티'니 '위티'니 하는 위스키 메뉴였다.

이 무렵은 우리나라 위스키의 대명사였던 '도라지 위스키'를 위시해서 '백양 위스키', '쌍마 위스키' 같은 주류 회사들이 시음장을 내고 선전에 열을 올리던 시기다. 인천에 시음장이 생긴 것은 아마 1960년대 중·후반 무렵이었을 것이다. 그러면서 다방에서도 이 같은 메뉴를 개발했던 것 같은데, 벽에 걸린 메뉴판에는 쓰여 있지 않았던 것으로 기억된다. 다른 사정이 숨어 있었는지 모른다.

아무튼, 다소간의 취기와 함께 시간을 보내기에는 '깡티'가 제격이었다. 명칭 자체에서 '주먹'이나 '어깨'를 연상하게 하는 '깡티'는 차라고는 할 수 없는, 위스키 한 잔을 냉수와 마시는 것이었다. 이 불량스러워 보이는 '차 한 잔'으로 빈속의 초짜 대학생들은 금세 얼굴이 불콰해졌다. 이에 반해 '위티'는 '위스키 티', 곧 홍차를 혼합해 마시는 것이었다. 취기는 다소 약했지만, 향미는 그럴듯했다.

무슨 멋이었는지 여학생을 앞에 두고 '깡티'를 마셔 본 적이 있지만, 이런 종류가 다방에 있었다는 사실을 알게 된 것은 늘 한발 앞서 세상을 헤엄쳐 다니던 친구들 덕분이었다. 이 무렵 우리나라는 미군 부대를 통하지 않으면 양주 한 방울 구경할 수 없던 때여서 '깡티' 한 잔으로 공연히 우쭐해 보기도 했던 것이다.

「낭만에 대하여」라는 가요를 부른 가수 최백호 씨가 스스로 '도라지 위스키' 마지막 세대라고 했다지만, 훗날 그때의 위스키라는 것이 주정(酒精)에다 일본에서 수입한 위스키 향을 첨가한 소위 '위스키 소주'라는 말을 듣고는 쓴웃음 지었던 생각이 난다.

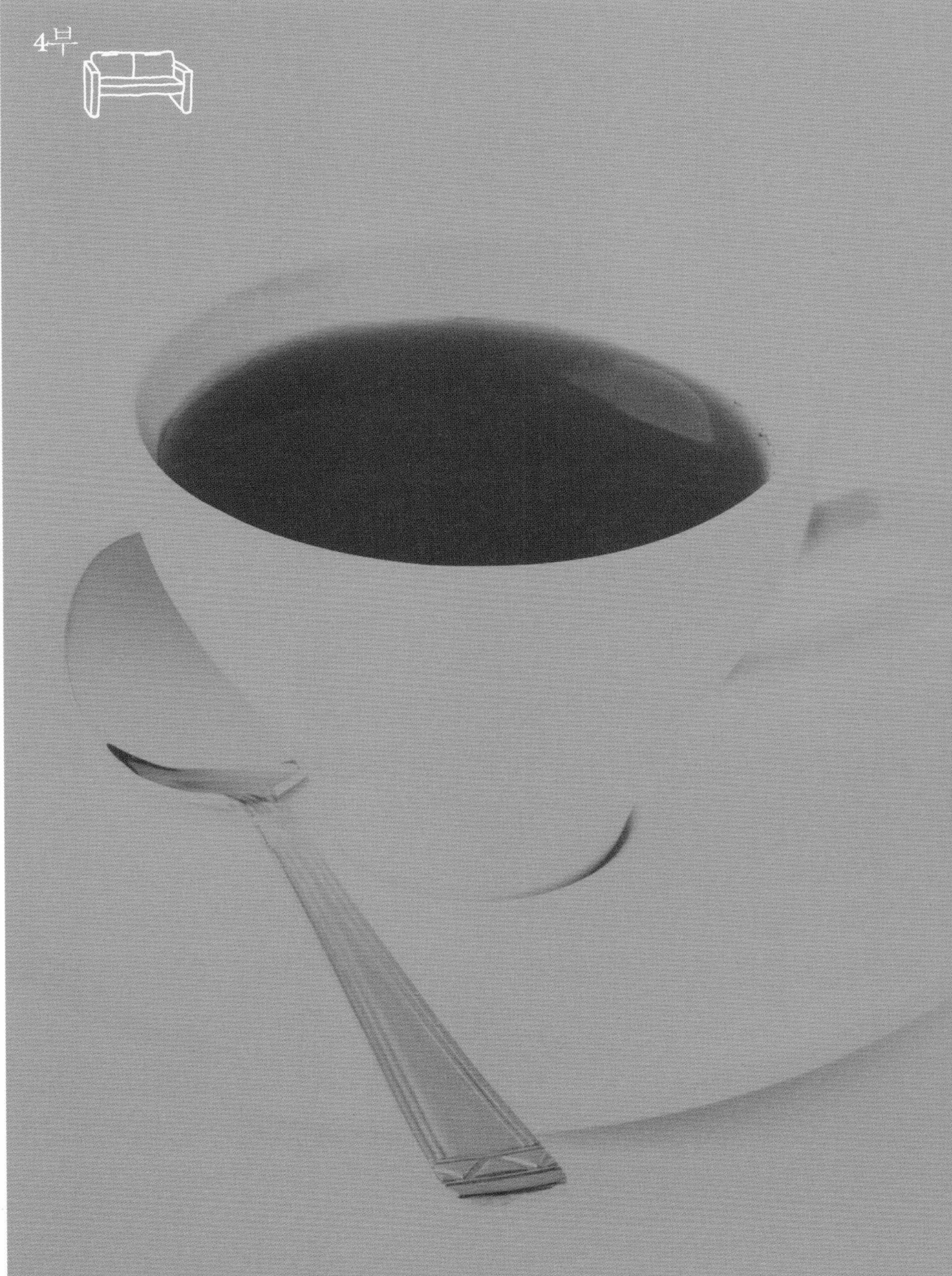
4부

거리의 응접실, 1970년대 다방

- 미국 공보처의 '한국 다방 보고서'
- 1960년대 말, 우리의 자화상
- 출근 도장 찍는 사람들
- 그녀들의 발칙한 영업 전략
- 다방 전성시대의 또 다른 풍경
- 침체기에서 변화의 시기로

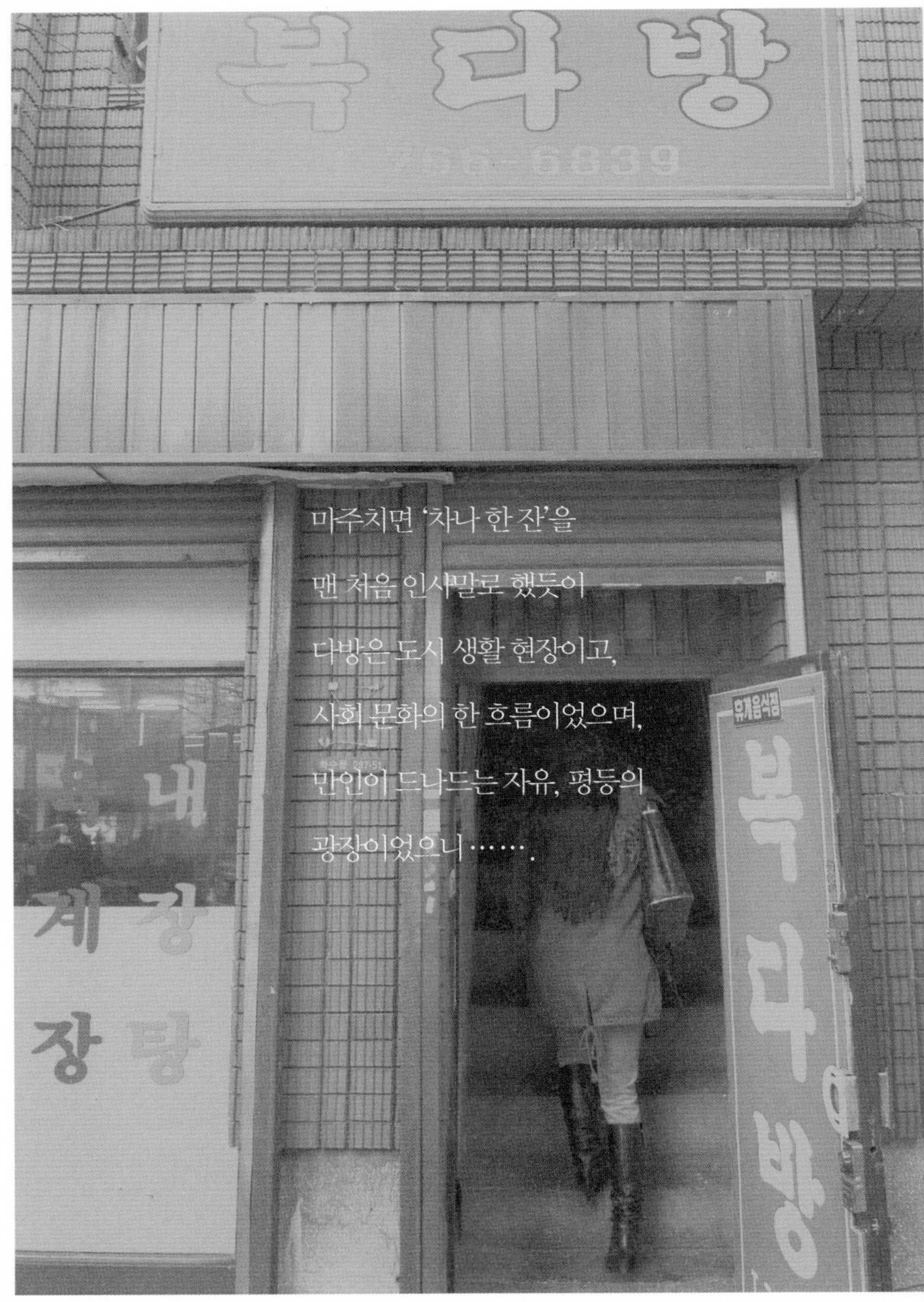
마주치면 '차나 한 잔'을
맨 처음 인사말로 했듯이
다방은 도시 생활 현장이고,
사회 문화의 한 흐름이었으며,
만인이 드나드는 자유, 평등의
광장이었으니…….
휴게음식점
복다방

미국 공보처의 '한국 다방 보고서'

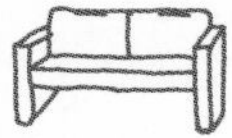

이방인 눈에 비친 한국 다방

우리나라 다방의 최전성기는 1960년대를 거쳐 1970년대에 이르는 20년 가까운 세월이다. 혹자는 1950년대 후반부터 1980년대 초반까지를 다방 전성기로 말하기도 하지만, 1970년대와 1980년대를 같은 맥락으로 보기는 어려울 듯하다. 1970년대는 문자 그대로 한국적 다방 양태(樣態)가 전국에 극성(極盛)하던 절정의 시기다. 그런가 하면 자동판매기와 인스턴트커피의 등장으로 기성 다방의 존립에 변화를 예고하던 시점이기도 했다.

이제부터 바로 그러한 1970년대 다방 풍경으로 이야기를 옮길 참이다. 그에 앞서 1960년대 다방 전성기에 외국인의 눈에 비친 한국 다방의 모습을 들여다볼까 한다. 우리에게는 습관처럼 일상에 익어 있던 다방 문화가 외국인에게는 호기심을 자극하는 대상이었던 듯하다. 그들은 한국 다방에 관해 아주 세세하면서도 흥미로운 평판(評判)을 내리고 있었다.

전 국민의 아지트 '다방' — 세계 어디에도 없는 이 한국적 명물을 두고 어느 외국인은 이런 말을 했다. "한국에선 민주주의가 발전할 수밖에 없다. 허구한 날 사람이 모여 차 한 잔을 앞에 두고 진지한 토론을 한다. 거기에는 남녀노소가 없다. 수시로 들락거리고 화제도 무궁무진하다. 얼굴을 붉히며 목소리를 높이는가 하면 새 참석자가 올 때마다 또 새 뉴스, 새 토론이 시작된다."

위의 글은 민병욱이 쓴 다방에 관한 글 중 또 다른 부분이다. '어느 외국인'이 누구였는지 몰라도 지구에 유일한 '한국 명물' 다방에 관해 나름대로 요약했는데, 그의 관찰 결과가 재미있으면서도 실소를 자아낸다. 허구한 날 수많은 사람이 모여 끊임없이 떠들고 웃고 차를 마시는 한국의 다방 풍조를 선뜻 '민주주의의 발전'으로 요해한 모양이다.

그러나 그의 말을 좀 더 찬찬히 음미해 보면 그가 말하고자 했던 내심을 읽을 수 있을 듯하다. 많은 한국 사람이 대화하는 다방 풍경을 아주 그럴듯하게 '토론과 민주주의'에 연결해 말했지만, 전후 사정을 따져 볼 때 그 언표(言表)에는 한국인의 다방 문화를 슬쩍 비트는 뜻이 들어 있었던 게 아닌가 싶다.

1960년대라면 우리나라는 그 첫해인 1960년 4월부터 1961년 5월까지 단 1년을 빼놓고는 군사 정부가 민주주의를 누르고 있지 않았는가.

또, 1970년대는 그 연장인 유신 정부가 철권통치하던 시기였으니, "민주주의가 발전할 수밖에 없다"는 그의 말은 성립하지 않는다. 더구나 그 시절에는 다방에 앉아 그런 종류의 대화를 발설하는 것 자체가 곧 무슨 조치에 저촉되던 때였다.

경제 개발을 계기로 많은 사람이 '다방에 갈 만큼' 사회 전반이 다소 나아졌다고는 해도 민주주의는 그 반대의 길을 가던 때였다. 그 익명의 외국인이 당시의 우리 상황을 잘 아는 이였다면, 그의 말은 비꼬는 것이 아니라 이 땅에 진정한 민주주의가 오기를 강력히 원망(願望)하는 반어적 표현으로 해석해야 할 것이다.

연구 대상이 된 특이한 공간

한편, '알 수 없는 외국인'의 '민주주의' 발언 외에도 다방에 관해 눈길을 끄는 기록이 있다. 바로 미국 공보처(U. S. Information Agency, USIA)가 발간한 「다방 — 한국의 사교장(Tea Rooms and Communi-cation in Korea)」이라는 제목의 12장짜리 조사 보고서다. 이 보고서는 참으로 세세하게 우리나라 다방의 전모를 파헤쳤는데, 그들이 도대체 '한국인과 한국 다방'에 관해 얼마나 궁금증이 컸으면, 또 그것이 얼마나 불가사의하게 느껴졌으면 이런 보고서를 다 작성했을까 하는 생각이 든다.

실제 조사 대상은 부산 지역의 다방들이었다. 그러니 정확히는 '1968년도 부산의 다방 실태'라고 하는 것이 옳겠지만, 전체 내용은

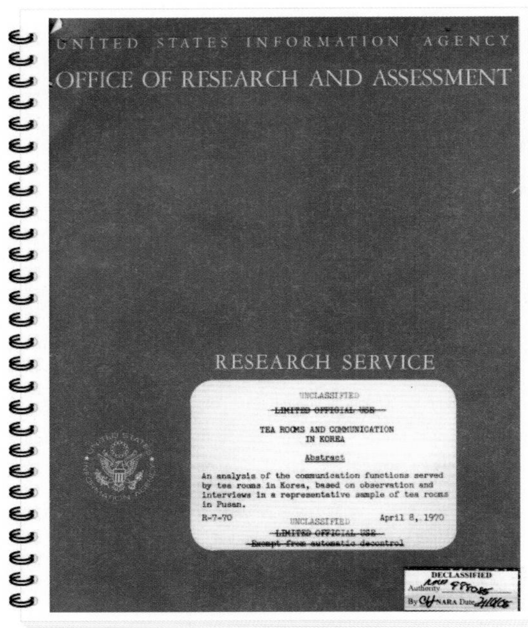

UNITED STATES INFORMATION AGENCY

OFFICE OF RESEARCH AND ASSESSMENT

RESEARCH SERVICE

UNCLASSIFIED

~~LIMITED OFFICIAL USE~~

TEA ROOMS AND COMMUNICATION
IN KOREA

Abstract

An analysis of the communication functions served by tea rooms in Korea, based on observation and interviews in a representative sample of tea rooms in Pusan.

R-7-70 April 8, 1970

UNCLASSIFIED

~~LIMITED OFFICIAL USE~~

~~Exempt from automatic decontrol~~

DECLASSIFIED

Authority

By NARA Date

미국 공보처가 1968년에 발간한 「다방-한국의 사교장」 조사 보고서

그대로 '한국의 다방에 관한 이야기'라고 해도 무방할 것이다. 역자(譯者)는 이 보고서에 「1960년대 한국의 초상 — 다방(미 공보처가 들여다본 한국의 이색 지대)」이라는 제목을 붙였다.

보고서 작성 과정을 살펴보면, 부산 지역 대학생 모임인 '부산학생연구회'가 1968년 1월에 3주에 걸쳐 현장 조사를 해서 수집한 자료를 바탕으로 했다고 기술되어 있다. 구체적으로는, 이 학생들이 부산 시내 554개 다방을 방문해 사전 자료를 취합한 다음, 대표적인 다방 78곳을 선정하여 그 다방의 마담과 선정된 레지 120명, 다방 손님 309명

과 일대일 면담을 해 자료를 얻고, 그것을 취합하고 분석하여 미국 부산공보원의 주도로 보고서를 작성했다고 밝히고 있다.

지금이야 세월도 다 지나갔고, 이 보고서가 격식을 갖춘 학술 논문도 아닌 데다가, 특수한 정치적 목적을 가지고 작성한 문건도 아닌 만큼 큰 의미를 둘 필요는 없다. 그런데 '그 사람들 참, 할 일이 그렇게 없었나' 하고 쉽게 냉소해 버리기에는 껄끄러운 무엇이 있다. 당시 우리가 아무 생각 없이 드나들던 다방을 주제로 조사 연구를 할 정도로 미국이 우리를 은밀히 주목하고 있었다는 사실에 소름이 돋는 까닭이다. 모르는 새 남에게 벌거벗은 몸을 엿보인 것 같은 심정이라고나 할까. 어쨌든, 저작권자의 허락을 얻어 여기에 몇 대목을 소개한다.

> 미국인의 눈에 한국의 다방은 이색적인 장소였고, 특수한 공간이었다. 시쳇말로 다방은 '연구 대상'이었다. 어떤 사람들이 모이는지, 거기서 도대체 무얼 하는지, 다방을 운영하는 사람들은 어떤 사람들이고, 왜 손님들은 다방이라는 데를 들락거리는지……. 궁금한 게 한둘이 아니었다. 이 보고서는 이방인의 눈에 비친 '한국 다방'의 모든 것이다.

이 문서를 미국에서 발견해 40년 만에 세상에 밝혀 내놓은 국립중앙도서관 워싱턴 현지 재외기록수집팀의 이흥환 편집위원이 번역문에 붙인 해설이다. 그의 말대로 이방인의 눈에 우리의 다방은 '연구 대상'이 될 정도로 특이한 공간으로 비쳤던가 보다.

한국 다방의 모든 것

이제 본론으로 들어가 "이방인의 눈에 비친 '한국 다방'의 모든 것"이 과연 어떤 내용인지 살펴보자. 먼저 이 문서의 도입 부분이다.

한국의 다방이 휴식의 공간이긴 하지만 여기에서는 쉼터나 오락의 공간으로서가 아니라, 세상사를 배우고 의견을 교환하는 사교의 장으로서의 다방에 대해 알아보려고 한다. 이런 의미에서 한국의 다방은 영국의 '퍼브(pub)'나 오스트리아의 '커피 하우스(coffee house)' 같이 소통의 기능을 담당하는 곳이다.

기본적으로 그들이 우리의 다방을 '사교의 장, 곧 소통을 담당하는 장소'로 파악하고 있음을 알 수 있다. 그다음 이어지는 부분이 간략한 개요인데 다방의 핵심적 기능이나 성격을 아주 세세하게 파악하고 있다.

한국의 다방은 비공식 사교장으로서 중요한 기능을 담당하고 있다. 긴장을 풀 수 있는 분위기를 제공함으로써 친구들끼리 대화를 나누고, 신문이나 잡지를 읽으며, 음악을 듣거나 미술품을 감상하는 곳이고, 전시장 역할을 하기도 한다. 다방마다 단골손님이 있기 마련인데, 사업가(기업인), 공무원, 교사, 대학교수, 예술가, 대학생 등 주로 사회에 영향력이 있는 고학력자들이다. 다방 손님들이 다방에서 하는 일이란 주로 이야기를 나누는 것이며, 세상사에 대한 이런 저런 의견을 교류하기도 한다. 사회 활동가나 정치인들이 다방에서 모임을 하기도 하는데, 공무가 얽혀 있을 때는 다방 내 별도의 방을 예약해 회합 장소로 삼기도 한다. 선거철에는 입후보자나 지구당 선거 운동원들이 다방을 유세용 전단 배포처로 활용하기도 하고, 다른 모임의 회원들은 다방을 집회 공지 사항을 알리는 게시판 기능으로 활용하기도 한다.

이어 본론에서는 한국 다방의 역사와 특징 등을 자세히 파악해 보여준다.

한국에 다방이 처음 등장한 것은 1919년이다. 일본인 사업가가 처

「다방—한국의 사교장」 본문 내용

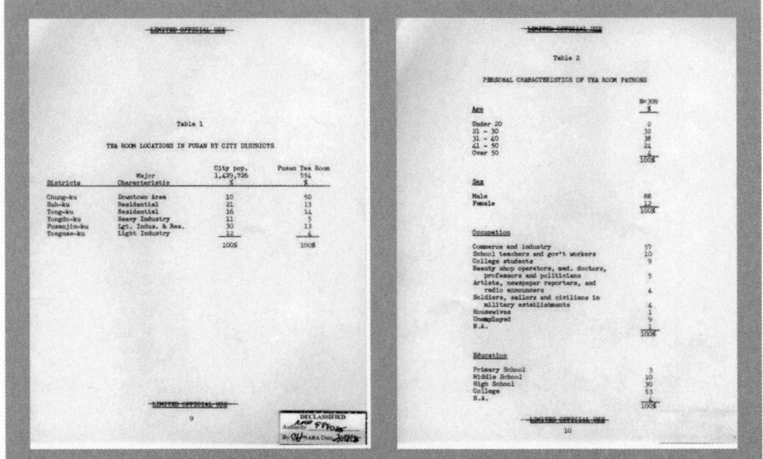

LIMITED OFFICIAL USE

Table 1

TEA ROOM LOCATIONS IN PUSAN BY CITY DISTRICTS

Districts	Major Characteristic	City pop. 1,429,726 %	Pusan Tea Room 554 %
Chung-ku	Downtown Area	10	50
Suh-ku	Residential	21	13
Tong-ku	Residential	16	14
Yongdo-ku	Heavy Industry	11	5
Pusanjin-ku	Lgt. Indus. & Res.	30	13
Tongnae-ku	Light Industry	12	4
		100%	100%

LIMITED OFFICIAL USE

9

DECLASSIFIED

LIMITED OFFICIAL USE

Table 2

PERSONAL CHARACTERISTICS OF TEA ROOM PATRONS

	N=309 %
Age	
Under 20	2
21 - 30	32
31 - 40	38
41 - 50	24
Over 50	4
	100%
Sex	
Male	88
Female	12
	100%
Occupation	
Commerce and industry	57
School teachers and gov't workers	10
College students	9
Beauty shop operators, med. doctors, professors and politicians	5
Artists, newspaper reporters, and radio announcers	4
Soldiers, sailors and civilians in military establishments	4
Housewives	1
Unemployed	9
N.A.	1
	100%
Education	
Primary School	3
Middle School	10
High School	30
College	53
N.A.	4
	100%

LIMITED OFFICIAL USE

10

음으로 선보였다. 초기의 다방은 평범한 형태의 친목 클럽이었다. 다방 소유주들은 재력 있는 사업가들이 아니라, 주로 예술적 취향을 가진 사람들이었다. 이들이 다방을 처음 시작한 주된 목적 역시 다른 예술가들이 서로 모여 이야기를 나누고, 새로 산 옷을 자랑하거나, 자기가 데리고 다니는 미모의 여자 친구들을 과시하기 위한 것이었다.

2차 세계 대전 이후 한국의 다방은 좀 더 공적인 장소로 모습이 바뀌면서 더욱 대중화된다. 일반 대중이 다방의 새로운 손님들로 등장한 것이다. 1945년까지만 해도 한국의 다방 수는 12개가 넘지 않았으나, 이후 해마다 다방 수가 늘어나면서 지금은 전국에 5천 개가 넘는 다방이 들어섰다. 서울에만 1천여 개이고, 부산에도 500여 개의 다방이 성업 중이다. 이제 한국의 다방은 워낙 널리 퍼지고 잘 알려진 덕에 외진 동네 사람들이라도 누구나 다방이라는 말을 들어 봤을 정도가 되었다.

계속해서 다음의 내용을 읽으면 그들이 우리 다방의 실내 장식, 분위기, 종업원, 기능 등까지 참으로 시시콜콜 세밀하게 조사했다는 사실에 놀랄 것이다.

다방은 대부분 큰 도시의 시내 한복판이나 작은 마을에 들어서기 마련인데, 이 다방들의 가장 큰 특징은 푸근하고 친근감 있는 분위기다. 일단 실내 장식이 그런 분위기를 자아낸다. 부드러운 조명, 안락

한 의자, 창문에 드리운 커튼 등이 그렇다. 여기에 곁들여 레코드판에서는 음악이 흘러나온다. 때때로 다방은 전시장이 되기도 하는데, 그림, 조각, 사진 작품들이 전시되곤 한다. 세 번째로 다방에서 빼놓을 수 없는 것이 있다. 다방에서 아마 가장 중요한 것일 수도 있다. 바로 종업원이다. 매력적인 매니저인 '마담(Madam)'과 웨이트리스들은 미모와 상냥한 말투를 겸비해야 하며 손님들을 이끌어들이는 친밀감이 있어야 한다. 이런 점을 갖추고 있기 때문에 고용된 사람들이다.

대부분의 다방이 서로 만나 정보를 교환하는 쉼터의 역할을 하는 곳이긴 하지만, 좀 더 특수한 목적으로 운영되는 다방도 있다. 부산 지역의 554개 다방 가운데 세 곳은 오로지 서양 고전 음악만 틀어주는 다방이고, 두 곳은 신문 기자들과 방송국 사람들이 주로 들락거리는 곳이며, 대학생들만 모이는 다방도 일곱 군데나 된다. 또, 부산 지역에서 예닐곱 군데의 다방은 남녀 손님들이 주로 데이트 상대를 물색하기 위해 드나드는 곳이기도 하다.

미국이라는 나라가 상대 나라의 흔한 '다방에 관해서'까지 이토록 치밀하게 조사·연구·분석하고 있었음을 생각하면, 진정 우리와는 다른 나라라는 점에 거듭 놀라게 된다. 그들이 조사한 내용 중 '다방의 손님들'이라는 항목과 '결론' 부분도 자못 흥미롭다. 계속해서 마저 살펴보자.

1960년대 말, 우리의 자화상

차나 한 잔 하시죠

미 공보처 보고서에 아쉬운 점이 있다면 평범하게 다방의 기원과 변천, 기능, 현황 등에만 초점을 맞춘 데서 그친 것이다. 여기에 1930년대 서울의 종로, 소공동, 명동, 충무로, 인사동 등지에 둥지를 틀고 독특한 문화 공간 구실을 한 초기 다방 이야기를 곁들이고, 거기 손님으로 드나들던 문인, 화가, 음악가, 영화 · 연극인들의 행태에 관한 이야기까지 보탰다면, 그들이 바라본 꽤 그럴듯한 '다방의 사회·문화사'가 그려졌을 텐데 말이다. 어쩌면 이런 형식이 미국적인 사고방식의 한 단면인지도 모르겠다.

어쨌든 보고서의 마지막 부분인 '다방의 손님들'과, 한국 다방에 관해 그들이 내린 '결론'을 살펴보자. 먼저, '다방의 손님들' 부분이다.

부산 지역의 다방(한국의 다방을 포함해)이 모든 이에게 열려 있는

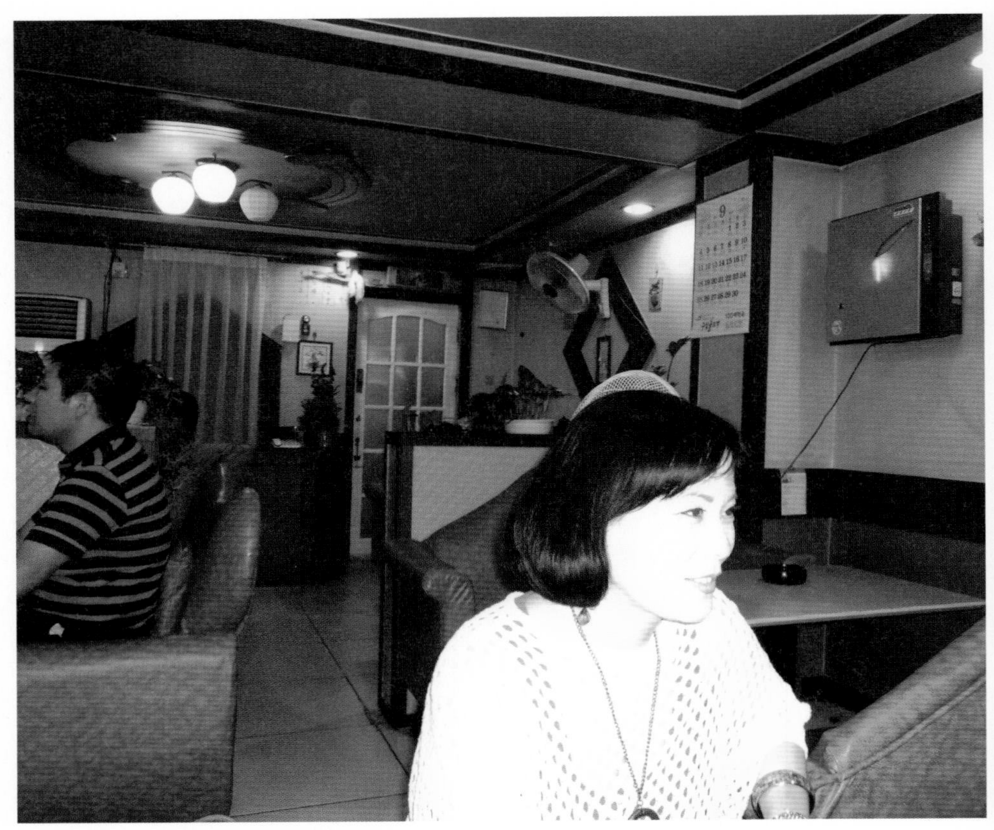

다방에서 담소하는 손님들

공적인 장소이기는 하지만, 다방을 이용하는 손님들은 특별한 몇 가지 범주로 나뉜다. 현장 실사 시 개인 면담에 응한 309명의 다방 손님 가운데 88%가 남성이었고, 나이별로는 26~40세 사이가 70%에 달했으며, 53%의 손님이 대학 졸업자였고, 고교 졸업자까지 합하면 83%가 넘었다.

다방을 이용하는 손님 대부분은 다방 출입을 매끼 식사나 신문 구독처럼 일상생활의 한 부분으로 삼고 있었다. 손님의 약 3분의 1(32%)은 다방을 하루에 2회 정도 찾으며, 4분의 1가량 되는 손님이 하루 한 번꼴로 다방을 찾는 것으로 조사되었다. 일주일에 2~3회 다방을 출입하는 사람은 16%, 일주일 1회는 14%였으며, 일주일에 한 번 미만인 사람은 13%였다.

하루에 적어도 한 번은 다방을 찾아가는, 다방 최다 이용자는 대부분이 사업이나 언론, 예술에 종사(77%)하는 중년층(36~50세 사이가 54%)이었으며, 반면 젊은 층이나 군인, 가정주부 등은 이들보다 다방 출입 횟수가 적었다.

여기서 얼핏 눈에 들어오는 것이 '다방 손님의 주류가 남성이며 26~40세 층이 70%를 이룬다'는 사실이다. 당시 우리 사회가 일제강점기와 달리 여성에게 상당히 폐쇄적인 분위기였음을 알 수 있다.

그들이 지적한 내용 중 특히 재미있는 구절은 "다방을 이용하는 손님 대부분은 다방 출입을 매끼 식사나 신문 구독처럼 일상생활의 한 부분으로 삼고 있었다"는 대목이다. 다방이 '한국인의 생활 일부, 생활 그 자체였다'는 말인데, 실제로 그 무렵 우리에게 다방처럼 생활에 밀착된 공간도 없었다.

당시 한국인에게는 오락이나 취미, 여흥을 즐길 만한 거리도 장소도 없었다. 당구장이 있긴 했으나, 게임 시간에 비례해 예사롭지 않은 비용을 내야 했다. 또, 영화관은 다방 찻값과 비교하면 상당히 비싼 돈을 물면서 불과 2시간 내외면 다시 무료(無聊)의 세상으로 내던져진다. 대폿집은 대체로 저녁 시간에 이용할 수밖에 없는데 그 술값 또한 만만찮은 것이다. 그리고 허구한 날 가 앉을 수도 없는 일이다. 결국, 커피 한 잔 값으로 한낮이건 저녁이건 장시간 편안히 '벽화'가 되어 앉아 있을 수 있는 곳은 다방뿐이었다.

실제 1960~1970년대에 이르는 시기의 다방은 만인 공통의 '집 밖' 응접실 구실을 했다. 연인을 만나기 위해, 모임을 열거나 타인을 접대하느라, 구직이나 매매를 위해, 시간이 남아서, 폭우가 쏟아져서, 우울해서, 마땅한 행선지가 없어서, 마담을 보기 위해, 전시회를 열기 위해, 잠시 휴식을 취하려고, 선보기 위해, 출판 기념회를 하기 위해, 음악을 듣기 위해, 청탁이나 해고 혹은 거절과 마지막 결별을 위해서…….

차라리 모두가 매일 다방에 갈 핑계를 만들며 살았다고 해도 지나치지 않을 성싶다. 마주치면 '차나 한 잔'을 맨 처음 인사말로 했듯이 다방은 도시 생활 현장이고, 사회 문화의 한 흐름이었으며, 만인이 드나드는 자유, 평등의 광장이었으니…….

아무튼, 한국인의 다방 출입을 '밥 먹는 일, 신문 보는 일'처럼 일상적이라고 한 미국 공보처의 비유는 썩 적절한 표현이다. 만약 이 시절에 다방이라는 공간이 존재하지 않았다면 분명히 우리 사회는 이와 다른 어떤 모습이었을 터인데, 그랬다면 지금은 과연 어떤 모양을 하고 있을까 하는 의문이 다 들 정도다.

이 보고서는 하루 한 번 이상 다방을 출입하는 사람이 전체의 절반이 넘음을 알려 준다. 물론 현재 다방에 와 앉은 사람을 면담한 것이니까, 그 비율이 높은 것은 당연할 터이다. 산골 벽지에 사는 사람은 한 해가 가도록 전혀 다방 출입이 없을 수도 있기 때문에 이 통계를 가지고 '100% 한국'이라고 말하는 것은 무리다. 그렇다 해도 도시 생활자의 태반은 분명히 이 같은 생활을 했던 것이다.

그 좋은 예로 1964년에 발표된 김승옥의 소설 「차나 한 잔」이 당시 다방이 도시인의 삶 속에 얼마나 깊이 녹아들었고, 또 삶과 얼마나 밀접했던가를 극명하게 보여 준다. 주인공은 신문에 연재만화를 그리는 인물이고, 다방에 가서 상대하는 사람은 각기 다른 두 신문사 문화부장이다.

그날치 만화를 그려서 신문사에 간 주인공 '그'는 '차나 한 잔' 하자는 신문사 문화부장에 끌려 다방으로 가서 해고 통보를 받는다. 다방을 나온 '그'는 탈이 난 배를 안고 다시 '조용한 다방'을 찾아간다. 거기서 '그'는 만화 연재를 부탁하고자 또 다른 신문사를 찾기로 한다. 그리고 찾아간 다음 신문사 문화부장을 이번에는 자신이 '차나 한 잔' 하자며 밖으로 이끈다. 결국, 이 다방에서도 '그'는 두 번째 문화부장의 진력나는 농지거리와 함께 연재를 거절당하고, 선배 만화가를 불러내 술잔을 나눈다. 이것이 대략의 줄거리인데, '그'는 하루 동안 무려 세 번이나 다방을 드나든다.

당시 도시 사람의 입에 붙은 '차나 한 잔'이라는 말을 통해 그 시절 '다방의 한 풍속'을 참으로 절묘하게 그려 내고 있다. 이 소설의 핵심 메시지는 주인공 '그'가 술에 취해 선배 만화가 김 선생을 상대로 내뱉는 말에 드러난다.

"차나 한 잔, 그것은 이 회색빛 도시의 비극이다, 아시겠습니까? 김 선생님, 해고하면서 차라도 한 잔 나누는 이 인정, 동양적인 특히 한국적인 미담…… 말입니다."

미국의 시책 완수에 이바지하라

계속해서 보고서의 다음 부분을 읽어 보자. 1960년대 말에서 1970년대까지 다방의 대표적인 특징이라 할 수 있는 '다방 회사와 다방 사장'에 관한 이야기가 흥미롭다.

다방은 주로 낮에 이용한다. 다방을 가장 많이 찾는 때는 늦은 오후(38%)이고, 늦은 밤, 즉 저녁 9시 이후(2%)에는 다방을 찾는 발길이 뜸해진다. 이른 아침이나 늦은 아침, 이른 오후나 저녁때는 각각 다방 이용률이 21% 정도로 조사되었다.

손님 대부분이 다방에 머무는 시간은 1시간 이하(75%)이며, 19%가 1~2시간 사이, 2~3시간 사이는 6%, 3시간 이상 머문다는 사람은 2%였다.

다방 이용 손님 대부분은 단골이다. 자기가 잘 가는 다방이 있다. 다방 측에서 알려 준 바로는, 손님의 86%가 평소에도 자주 다방을 찾는 사람들이었으며, 13%는 가끔 들르는 손님이고, 처음 찾아오는 손님은 1%밖에 안 되었다.

다방을 찾는 가장 큰 목적으로 손님의 45%는 (응답자의 60%는 사업

도원로8번길
67

하는 사람이었다) "사업상 업무 때문"이라고 답했다. 그렇다고 다방이 곧 사업장이라는 말은 아니다. 소규모 자영업을 하는 사업가들이 업무를 위해 예의를 갖추고 고객이나 거래처 사람 등을 만난다는 뜻이다. 또, 한국에서 소규모 사업을 하는 사람들은 전화, 비서, 사무실을 갖추고 있는 사람이 많지 않기 때문에 비용이 적게 들고 편리한 다방을 애용하는 편이다. 다방은 전화도 쓸 수 있고, 그 전화를 받아주고 차도 가져다주는 사람이 있으며, 편안한 공간까지 제공하는 '일석삼조'의 장소이기 때문이다.

다방을 찾는 두 번째 목적은 휴식과 오락이다. 38%가 이렇게 답했다. 옛 친구들을 만나 이야기하고, 마담과 수다를 떨거나 웨이트리스와 농담을 주고받기도 한다. 아니면 신문을 읽으며 휴식을 취하거나 음악을 듣기도 하고, 때로는 아무것도 안 하고 그냥 앉아 있기만 하기도 한다.

다방을 찾는 다른 목적도 두 가지 더 있다. 10%의 손님이 다방에 오는 까닭을 "시간을 죽이기 위해서"라고 대답했는데, 이들 대부분은 무직자였다. 손님의 4%는(주로 나이가 많은 사람들) 한 잔의 차로 기분 전환을 하기 위해 다방을 찾는다고 했다.

그러나 미국 공보처는 역자가 지적한 대로 한국의 다방을 오직 "그 기능과 구실이라는 다분히 실용적인 시각"으로만 바라본 채, "미국의 대외 정책을 재외 현지에서 적극 홍보함으로써 시책 완수에 이바지한다는 미 공보처 본연의 임무를 효율적으로 수행"하는 도구(장소) 차원에서 결론을 내리고 있다.

결국, 그들은 "다방 대부분이 손님에게 신문이나 잡지를 제공하고 전시장으로도 활용하는 점을 볼 때, 미 공보처도 다방을 홍보물 배포처와 전시장으로 활용할 수 있을 것"이며 "다방 마담들도 이런 출판물이나 전시물을 다방에 가져가는 것을 반대하지는 않을 것"이라는 근거를 들어 다음과 같이 결론을 내렸다.

> 한국의 다방은 사람들이 모여 정보를 교환하거나 의견을 나누는 장소다. 따라서 일부 다방은 미 공보원의 홍보 대상 그룹의 사람들이 주로 찾는 곳이기도 하다. 미 공보처 직원들이 사람을 만나기에 좋은 장소이기도 하며(많은 공보처 직원이 이미 다방을 그런 장소로 이용하고 있다), 미 공보처가 모임 개최, 홍보물 배포, 전시 등을 할 수 있는 곳이 될 수도 있다.

우리 다방에 관한 치밀하고 정확한 조사의 결과가 고작 이런 것이라는 점에 다소 맥이 빠진다. 하지만 '한국 다방에 관한 조사 보고서'를 남긴다는 것 자체가 당시 우리로서는 생각지도 못한 일이라는 사실만으로도 이 보고서가 의미심장하다 할 수 있을 것이다. 결론이야 어떻든 1960년대 말, 우리 사회의 한 단면, 자화상이었다고 할 다방의 모습을 요소요소 재미있게 들추어내고 분석해 낸 데 감탄하지 않을 수 없다.

출근 도장 찍는 사람들

전화와 비서가 있는 사무실

앞서 소개한 미국 공보처 보고서에 "한국에서 소규모 사업을 하는 사람들은 전화, 비서, 사무실을 갖추고 있는 사람이 많지 않기 때문에 비용이 적게 들고 편리한 다방을 애용하는 편이다. 다방은 전화도 쓸 수 있고, 그 전화를 받아 주고 차도 가져다주는 사람이 있으며, 편안한 공간까지 제공하는 '일석삼조'의 장소이기 때문"이라는 대목이 있었다. 이른바 1960~1970년대에 유행하던 '다방 회사, 다방 사장' 이야기다.

이 무렵이라면 인천에도 '은성다방'과 '짐다방', '별다방' 등을 제외한 대다수 다방이 미국 공보처 보고서 내용과 같은 풍경을 보여 주었다. 보고서에서는 '다방 사장'에 관해 '사무실을 열고 비서를 둘 정도의 자금이 없는 사람들'이라고 했지만, 실상은 대부분 거간꾼 아니면 명색만 사장인 사람들이었다. 즉, 이들이 다방을 마치 자기 회사 사무실처럼, 레지나 마담을 개인 비서처럼 이용하면서 매상을 올려 주는 것으로 다방과 공생하고 있었던 것이다.

넓은 다방 실내 이쪽저쪽에, 둘씩 셋씩 나와 앉은 사람들이 바로 '사장님'들이었다. 물론 그중에는 혼자 자리를 잡고 앉은 사람도 있었다. 여느 회사 사장들처럼 그들은 대체로 정장을 하고 아침 일찍, 사무실에 출근하듯 다방에 나와 앉는다. 좌석도 거의 고정적으로 늘 앉는 자리에만 좌정한다.

의자에 등을 기대고 앉아서는, 우선 레지가 가져다주는 엽차 한 잔을 천천히 위엄 있게 마시면서 "여기 오늘 신문 좀 가져와라"로 하루를 시작한다. 그러고는 좀 있어 찾아오는 이런저런 손님을 접견하거나, 부지런히 다방 안팎을 들락거리며 "어디 연락 온 곳 없는가?", "누가 찾아오지 않았나?" 하며 일과를 본다. '사장님'은 자기 돈으로는 종일토록 차 한 잔밖에 마시지 않지만 그를 만나러 오는 '손님들'의 차 매상이 다방에 납부되는 그날그날의 자릿값이요, '사장님 수발' 대가인 것이다.

다방에서의 비서 노릇, 곧 '사장님 수발'은 주로 전화 심부름이다. 다방으로 걸려 오는 전화를 '사장님'께 바꿔 줄 때의 풍경은 간혹 쓴웃음을 짓게 했다. 레지나 마담이 무심결에 "사장님, 전화요" 하는 경우 다방 안에 있던 여러 '사장님'이 일제히 카운터 쪽으로 고개를 돌리는 것이다. "아니, 저기 최 사장님이요"라고 확인을 해 주어야 나머지 '사장님'들은 비로소 조금 전의 자기 자세로 돌아간다.

이 당시 참으로 넘쳐 나는 것이 '사장님'이었다. 원로 대중가수 김용만이 부른 가요 「회전의자」나 동갑 여가수 현미가 "길을 가다가 '사장님' 하고 살짝 불렀더니 열에 열 사람 모두가 돌아보네요. 사원 한 사람 구하기 어렵다는데 왜 이렇게 사장님은 흔한지 몰라요. 앞을 봐도 뒤를 봐도 몽땅 사장님"이라고 노래한 「몽땅 내 사랑」은 모두 이 시절 '사장님 인플레' 현상을 풍자한 노래다.

일반 다방이 이렇게 사장실이 되다 보니 전화 수요가 늘 수밖에 없었다. 이 무렵은 가정에 전화 보급이 보편화하지 않았던 때라 일반인도 다방에서 전화를 이용하곤 했다. 처음 한동안이야 다방 카운터에 설치한 자체 전화로 이런 서비스를 했으나, 수요가 늘면서 전화 요금이 문제가 되었다. 매번 '한 통화에 몇 원' 하는 식으로 요금을 받기도 했지만, 시외 전화나 시내 통화 수가 늘어날 경우의 요금 징수가 복잡했다(물론 다방마다 전화기에 시외 전화 방지 잠금장치를 하기도 했다).

그래서 등장한 것이 다방 안의 공중전화였다. 송화자가 동전을 넣고 전화를 거니 다방으로서는 요금을 신경 쓸 일이 없었다. 따라서 송신 전화는 '사장님'들도 자신의 동전으로 걸어야 했다. 다방 측의 임무는 공중전화에 들어갈 동전을 충분히 준비해 지폐와 교환해 주는 일뿐이었다. 후에는 아예 송수신을 모두 할 수 있는 공중전화가 등장했다.

연락 수단은 메모

마담이나 레지가 '사장님'을 위해 수행해야 할 또 하나의 중요한 임무는 '사장님'이 다방 밖으로 출타했을 때 걸려 오는 전화 내용이나 방문하는 손님의 연락처를 메모해 놓는 일 그리고 손님이 적어 주는 메모를 잘 전하는 일이었다.

1990년대까지도 건재했던 '사장실'로 중구 신흥동 로터리 북쪽 모서리 건물 2층의 '대원다방'을 꼽을 수 있다. 이 다방은 사라질 때까지 '다방 회사, 다방 사장' 그 진풍경을 보여 주었다. 또 조금 뒤늦게 문을 연 것으로 기억되는 '우봉다방'도 이런 서비스로 정평이 났었다. '우봉다방'은 중구 내동 내리교회 인근, 옛 '식락원'으로 들어서는 골목

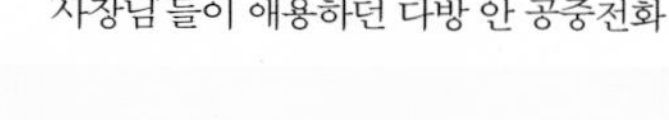
'사장님'들이 애용하던 다방 안 공중전화

초입, 지금은 문을 닫은 '심치과' 건물에 있었는데, 특히 1970년대에 근무했던 기억력 좋은 카운터 여인의 명성이 자자했다.

소문에는 그 여인의 전직이 전화 교환수였다고 한다. 그래서였는지 출입하는 다방 손님의 목소리를 용케도 잘 구별했다는 것이다. 어쩌다 밖에서 다방으로 전화를 걸면 이쪽이 누구라고 밝히기도 전에 "아, 임 사장님", "정 사장님" 하고 알아맞히는 덕에 손님들, 특히 '사장님'들로부터 크게 환영받았다고 한다. 그렇게 목소리를 구별해 낸 손님이 무려 150여 명에 달했다는 이야기를 인천의 문인 동료 서부길 씨가 귀띔해 주었다.

앞에서 잠시 다방 메모 이야기를 했는데, 이 메모 역시도 우리나라 다방의 또 다른 특징이었다. 정확한 유래는 확인할 수 없으나, 아마도 다방이 '만인의 연락 장소, 거리의 응접실'로 발전하면서 자연스럽게 메모를 남기고 전하는 풍토가 생겨났을 것이다. 1960년대 이후 다방마다 손님의 메모를 꽂아 두는 메모판이 출입문 옆에 비치되어 있었던 것을 기억한다.

어쩌다 약속했던 상대가 아무 연락 없이 나타나지 않는다. 이쪽도 더는 기다릴 수만은 없고 자리를 떠야 한다. 이때 먼저 온 사람은 자신의 내왕 사실을 알려 놓거나, 늦게라도 올지 모를 상대에게 다음 행선지를 알려 주기 위해 메모를 남긴다. 다방 인구가 점차 늘어나면서 이런 일이 빈번해지고 급기야 모든 다방으로 퍼져 나갔을 것이다. 오늘날같이 휴대 전화가 발달했다면 다방 메모는 생기지도 않았을 것이다.

이렇게 메모가 다방 출입 손님 간의 긴요한 연락 수단이 되면서 거기에 또 다른 이야기가 얽히게 된다. 메모를 남기는 사람은 받는 사람을 위해 쪽지 겉면에 수신자의 이름을 적을 수밖에 없다. 그러다 보니 여성의 이름이 적혀 있는 쪽지는 종종 짓궂고 죄 많은 자들이 슬쩍하기도 했다. 사내들이란 늘 일상이 지루한 데다가 이렇게 해서 혹 얄궂은 인연을 맺을 수 있으리라는 기대로 부질없는 짓거리를 하고는 했다. 그러나 이런 메모 가로채기가 자주 발생하면서 나중에는 피차 암호를 정해 메모를 남기게 되었다.

1970년대 초, 제대 후 복학을 하지 못한 채 시내 한 다방에서 지루하게 봄날 낮을 보낸 적이 있다. 다방 안에는 가벼운 옷차림의 여대생쯤으로 보이는 두 여자와 저 안쪽에 앉은 중년의 신사 세 사람 그리고 창가에 앉은 데이트족 한 쌍이 전부였다. 두 여자는 동행을 기다리는 듯했다. 그러나 얼마를 기다려도 동행이 나타나지 않자, 둘은 대화를 멈추고 자리에서 일어섰다. 출입문께로 가더니 그중 한 여자가 메모지를 판에 끼웠다. 온통 그 여자들에게만 신경을 쓰던 이쪽 죄 많은 인간들도 잠시 후 다방을 나서면서 레지의 눈을 피해 그 메모를 슬쩍했다.

겉에는 아직 오지 않은 여자 이름 두 글자만 쓰여 있었던 것으로 기억된다. 40년 전 일이라 정확하지는 않지만, 대략 '네가 오지 않아서 송도행은 취소하고 대신 키네마극장으로 간다'는 내용이었던 듯하다. 그래서 이쪽 인간들도 부리나케 극장 쪽으로 달려갔던 것 같다. 뭘 어쩐다는 구체적인 계획도 없이 무작정 뒤를 따랐을 것이다.

그러나 문 앞까지가 전부였다. 여자들은 미처 손을 쓸 사이도 없이

극장 출입구 안으로 빨려 들어가 버렸고, 이쪽은 뭐 쫓다 지붕 쳐다보는 짐승 꼴로 서 있을 수밖에 없었다. 입장료! 그 거금이 없었기 때문이다. 이름 끝 자에 '경' 자가 들었던 듯한 메모의 주인 여성이 늦게라도 다방에 왔었는지, 왔다가 그냥 낭패해 돌아갔는지, 우리는 영원히 알지 못한다.

이런 종류의 다방 메모 이야기는 1972년 「한국일보」 신춘문예 소설

당선작인 고동화의 「열하일기(熱河日記)」에도 아주 재미있게 쓰여 있다.

할 일 없는 사람의 실없는 이야기를 듣는 세 여자의 표정에서 엷은 호기심을 찾아낸 나는 목소리를 조금 낮추기로 했다.

"한번은 이런 일이 있었죠. 지난봄 어느 일요일이었는데 나는 명동에서 이상한 술래를 한 사람 찾아내었습니다. (중략) 술래는 설파다방 쪽으로 방향을 바꾸더니 잠깐 서서 하늘을 한번 쳐다보는 것이었습니다. 나는 좀 지리해졌습니다만 나의 술래가 다시 움직이기 시작하여 방금 들어선 다방 문을 밀고 들어섰습니다. 순간 나는 하마터면 소리를 지를 만큼 소스라치게 놀랐습니다. 술래가 나의 한쪽 팔을 가볍게 붙들고 빙그레 웃는 것이 아니겠습니까. 그러나 '펜 좀 빌려주시겠습니까?' 하길래 안도의 한숨을 내쉬었습니다. 술래는 메모지에 뭔가를 적더니 입구의 메모판에 끼워 놓고는 제게 펜을 돌려주고 다방을 나갔습니다. 나는 술래를 따라갈 것도 잊고 레코드가 제자리에서만 돌듯 반복해서 흐르고 있는 라벨의 「볼레로」를 귓전으로 들으며 놓쳐 버린 술래가 지금쯤 어디를 가고 있을까 하는 생각을 하다 문득 술래가 남기고 간 메모에 시선이 갔습니다. 나는 부쩍 호기심이 일었습니다. 더군다나 점점 고조되는 「볼레로」의 이국적인 선율이 나를 유혹했습니다. 결국 죄 많은 나의 오른손은 메모판 앞에서 춤추는 방울뱀마냥 머뭇거리다가 술래의 메모를 집어내었습니다. 그런데 이상하게도 접혀진 종이의 앞쪽에 사람의 이름 대신 그냥 작은 동그라미 하나만이 그려져 있었습니다. 거기다가 더욱 이상한 것은 말입니다. 거기 적혀 있는 내용이……."

나는 말을 멈추고 담배에 불을 붙이면서 세 여자의 표정을 살펴보았다.

이 소설은 당시 심사위원들로부터 '군계일학'이라는 대단한 호평을 받으며 당선된 작품이다. 인용한 부분은 여름휴가를 맞은 주인공이 할 일 없이, 길 가던 여자들을 따라 다방에 들어갔다가 여자들로부터 추궁을 받게 되자 즉석에서 거짓 이야기를 꾸며 대는 내용이다. 이 장면을 통해 다방에서 남의 메모에 손을 대는 사례가 있었다는 사실을 간접적이나마 확인할 수 있다.

'다방 회사, 다방 사장', '거리의 응접실, 비서실' 그리고 다방의 '공중전화'와 '메모지' 등은 한국 다방의 명물이면서 미국 공보원의 비상한 궁금증을 불러일으킨 한국 다방만의 독특한 풍속도였다.

그녀들의 발칙한 영업 전략

단골손님 유치 경쟁

앞에서 '사장님'은 자기 돈으로는 종일토록 차 한 잔밖에 마시지 않지만 그를 만나러 오는 '손님들'의 차 매상이 다방에 납부되는 그날그날의 자릿값이요, '사장님 수발' 대가라고 했다. 하지만 '사장님'은 가끔 한가한 시간을 틈타 마담과 레지를 불러 앉혀 놓고는 쌍화차 같은 고가의 차를 한 잔씩 베풀기도 했다.

또, 어쩌다 '사장님'이 꽤 괜찮게 수입을 올리는 경우, 그에 상응하는 보너스가 마담과 레지에게 돌아가는 일도 있었다. 적당한 간식을 사다 카운터에 올려놓거나, '세게는' 청요리를 배달시켜 그동안의 노고에 답하는 것이다. 이것이 두둑해진 주머니 과시이면서 '직원'들을 잡아 놓는 환심 작전인 셈이다. 말하자면 회사에서 월별, 또는 분기별로 직원들의 사기를 높이고자 베푸는 회식 자리라고나 할까. 더욱이 여인들이 비번인 날은 개봉관 영화 구경을 시켜 주는 일도 있었다.

이런 공생 관계는 피차 이득을 주고받는 선순환(善循環) 관계라고 할 수 있다. 마담과 레지는 이 무렵 우후죽순처럼 생겨난 수많은 다른 다방과 손님 유치 경쟁에 혈안이 될 수밖에 없었다. 그러니 이렇게 진을 치고 앉아 사업을 벌이는 '다방 사장'이나마 많이만 있어 준다면 더없이 고마운 일이었다. 마찬가지로 '다방 사장' 쪽은 친절하고 나긋나긋하면서 열심히 여직원 소임을 다하는 마담과 레지가 절대 필요한 존재였으며, 무상이나 다름없는 '사무실, 응접실' 제공에 늘 고마운 신세를 지고 있었다.

그러나 '다방 사장'들이 매일 어느 정도의 매상을 올려 준다고는 해도 실상 아주 번거로운 존재인 것이 사실이다. 수시로 재떨이 비우랴, 엽차 나르랴, 시도 때도 없이 메모지 대령하랴, 어질러 놓은 신문 수습하랴, 의자 등받이 커버 바로잡으랴……, 종일 이들 수발에 여간 손이 가는 것이 아니다. 그럼에도 다방들은 이들을 고정 고객으로서 잡아 둘 수밖에 없는 노릇이었다.

특히 1960~1970년대는 전국 도시마다 '자고 나면 생기는 것이 다방'이라거나 '한 집 걸러 다방'이라고 말할 정도로 다방이 흔했던 터라 영업 경쟁이 이루 말할 수 없었다. 1970년대 초·중반 시절, 인천만 해도 시내에 다방이 무려 133개소에 달했다. 절반 이상이 중구 신포동, 중앙동, 관동 지역과 경동, 용동, 인현동 관내에 분포해 있었으니 한정된 손님 수에 비교하면 다방 밀도가 엄청나게 조밀했음을 알 수 있다.

이처럼 경쟁 상대들이 자꾸 생겨나니 다방은 '다방 사장' 부류 몇 사

今日新裝移轉開業
文化人의安息處
月尾茶房
仁川市花平洞484 平安病院옆
電話(1325番)
産科
婦人科專門
오아시스
茶房
視聽覺教育映畵
네篇을試寫

1960년대에 동구 화평동에 개업한 '월미다방'과 '오아시스다방'의 신문 광고

람에게만 목을 매고 있을 수가 없었다. 자연히 일반 손님, 특히 어쩌다 들른 뜨내기손님에게까지도 절대 소홀할 수가 없고 그들 관리에도 세심하게 신경을 써야 했다. 그 손님들을 기필코 자기네 단골로 만들기 위해 다들 혈안이 되었다고 할 수 있을 만큼 다방 간 경쟁이 치열했다.

특히 1940년대 후반부터 이미 다방의 메뉴로 등장한 모닝커피가 이 시기에 들어와서는 다방 간 경쟁의 중요한 도구로 활용된 듯싶다. 어쩌다가 달걀노른자가 커피에 들어가게 되었는지, 또 누가 이런 종류의 희한한 메뉴를 개발했는지는 알 수 없지만, 커피에 달걀노른자를 넣는 것이 모닝커피의 정석이었다. 그러다 보니 노른자 하나짜리 평범한 모닝커피를 내놓는 다방을 따돌리기 위해 노른자를 두 개씩 넣는 다방이 생기고, 심지어는 노른자가 든 쌍화차를 내놓는 다방까지 생긴 것이다. 또, 달걀 반숙이나 프라이를 서비스하는 다방도 있었다. 간혹 우유를 좋아하는 손님에게는 모닝커피에 따스한 우유 한 잔을 첨가해서 부드럽게 속을 달래 주기도 했다.

대학 복학을 하지 못하고 두 해째 낭인처럼 지내던 1973년, 아침이면 가끔 도원동 광성중학교 남쪽 비탈 고 최병구 시인 댁 단칸 판잣집에 가서 꽁보리밥에 새우젓, 사시사철 짠지와 고추장 한 종지가 전부인 아침을 몇 숟가락 얻어먹고는 했다. 그 시절, 식사가 끝나면 옛 '수인역' 앞 무슨 다방이었는지, 거기 2층에 들러 최 선생과 무상으로 모닝커피를 마셨다. 마담은 최 선생의 '기행(奇行)'을 염려해 두말 않고 달걀을 넣은 모닝커피 두 잔을 내놓았지만, 곁에서 그것을 억지로 얻어 마시던 젊은 입장에서는…….

그러나 그런 편치 않은 모닝커피를 마시면서도 최 선생 같은 분만은 모닝커피가 꼭 어울린다는 생각을 했다. 최 선생은 상아색 바바리코트, 검은 색안경, 그리고 파이프 담배가 작은 체구에도 썩 잘 어울렸다. 그래서 그 같은 느낌이 강하게 들었던 것 같다. 생각하니 오늘 최

京仁線列車時間表 4293.2.21改正

서울行 東仁川發	서울着		서울發	東仁川着	仁川行
4 45	5.50	統一茶房	5.10	6.13	
6.15	7.25	仁川市新浦洞一六番地	6.10	7.10	
7.12	8.15	電話一四五八番	7.00	8.05	
7.45	8.50		7.55	9.00	
8.25	9.30		8.50	9.55	
9.20	10.20		9.45	10.50	
10.15	11.15		10.45	11.50	
11.15	12.20		11.45	12.50	
12.30	13.35		13.10	14.10	
13.50	14.55		14.20	15.25	
15.06	16.10		15.40	16.45	
1[illegible].26	17.35		17.00	18.05	
17.22	18.30		17.50	19.00	
18.25	19.30		18.50	19.55	
19.20	20.20		20.00	21.05	
20.45	21.50		21.15	22.23	
21.45	22.50		22.20	23.25	

1960년에 인천 '통일다방'에서 홍보용으로 나누어 주던 경인선 열차 시간표와 다방 '시랑'의 성냥(신연수 소장)

병구 선생도, 보리밥도, 모닝커피도, 그때 그 다방 마담도 다 그립다. 갚을 길 없는 그때의 행적이 미안해서 더 아프고 그립다.

각설. 이런 메뉴 외에도 다방 상호와 전화번호가 박힌 성냥갑이 다방마다 갖춘 필수 홍보물이었다. 또 다른 아이디어 품목으로 경인선 열차 시각표 같은 것이 등장하기도 했는데, 수첩 크기로 인쇄해 손님에게 배포했다. 이미 1960년 중구 신포동 16번지, 허형범치과 옆 건물에 있던 '통일다방'에서 그해 2월 21일을 기해 변경된 경인 열차 시각을 재빨리 표로 제작해 배포한 사실이 있다. 이런 것들은 상당히 호평을 받았다. 거기에 연말이면 일력(日曆) 배포도 빠지지 않았다.

시내 모든 다방이 일력을 사용했는데, 대체로 다방 카운터 쪽에, 손님 좌석 어느 방향에서도 잘 보이도록 일력을 걸어 두곤 했다. 날짜를 표시하는 숫자가 커서 눈에도 잘 띄었다. 특히나 옛날 어른들은 자잘한 숫자가 쓰인 달력보다는 숫자가 큼지막한 일력을 선호했던 기억이 난다. 잘 보이기도 하려니와 매일 한 장씩 뜯어내는 이 일력 종이가 달력 지질보다 훨씬 부드러워 그날의 '뒤지'로 사용하는 득까지 있었다.

마담과 레지의 상술

다방들은 이런 식으로 저마다의 특색을 내세워 손님 유치에 총력을 기울였다. 그러나 뭐니 뭐니 해도 다방 운영 성패의 핵심은 손님을 맞고 응대하는 마담과 레지였다. 어느 다방이나 유능한 마담과 교양 있고 아름다운 레지 영입에 신경 쓰지 않을 수 없었다.

다방 경영이 기업화함에 따라 소위 '가오 마담'이 다방의 꽃으로 손님을 끈다는 것도 뉴스였다. "중년층 샐러리맨이 많이 몰리는 다방 마담은 한복 차림으로 홀을 누비고, 젊은 대학생을 상대하는 다방에서는 젊은이에 맞먹는 발랄한 아가씨를 내세워" 핫팬츠가 유행하면 레지들에게도 그 옷을 입힌다는 것. 또, 명동의 다방 경영 원칙은 "보통 30세 내외의 마담 한 명, 친절하고 예쁜 20세 내외의 레지 두 명과 나머지 한 명은 우악스러운 아가씨를 끼워 놓는다"고 했다. '우악스러운 아가씨'가 왜 필요했는지 궁금해진다.

민병욱의 글인데, '우악스러운 아가씨'를 한 명 배치한다는 말에 대해서는 역시 의문이 생긴다. 그러나 그 무렵 다방 경영 체제의 일면과 인적 구성, 또는 손님을 유인하는 수법 등이 무척 흥미롭게 드러나 있다.

이 인용문에 보이는 '가오 마담'은, 훨씬 앞에서 이야기했듯이 손님 응대는 물론 다방 관리를 총괄하는 책임자이면서 다방의 얼굴이었다. 레지는 마담의 보좌 격으로 테이블마다 차를 나르며 손님 응대의 수완을 발휘하는 존재였다. 따라서 이들이 펼치는 '인해전술'이 무엇보다 중요한 경영 무기였던 것이다. 물론 다방 안의 여자라고는 마담과 레지 단 두 명이거나 많아야 세 명 정도였으니 인해전술이라는 표현이 어울리지 않을 수도 있다. 하지만 그들의 수완을 알면 그 표현이 충분히 이해될 것이다.

마담과 젊은 레지 아가씨는 손님에 따라 교태도 짓고, 거짓이지만 간혹 미묘한 눈길도 보내고, 코 먹은 응석도 섞으면서, 단골은 단골대로, 안면 정도에 그치는 손님은 또 그런 정도로 꼼짝 못하게 해 놓았다. 겨우 두세 명이라고 해도 이들이 발휘하는 상술은 영락없는 인해

전술이었다. 마담과 레지가 좌우에서 혼을 뺀 뒤 자기들 몫의 음료나 찻값을 얹어 손님으로 하여금 '아얏' 소리 한마디 못한 채 계산토록 하는 기막힌 전술을 발휘한 것이다.

주로 변두리나 외곽 쪽 다방에서 볼 수 있던 풍경이지만, 마담과 레지의 서비스가 더욱 발전해 때때로 단골손님에게는 신체 접촉으로까지 이어지기도 했다. 손님의 피로를 풀어 준다는 명목으로 팔, 어깨를 주무르기도 하고, 손금을 봐 주는 척 옆에 붙어 앉아 손님의 손을 떡 주무르듯 하던 장면이 흔히 목격되곤 했다. 이 경우 남자의 손이 슬며시 여자의 허리 뒤로 돌아가 있음은 물론이다.

마담이나 레지와 손님의 관계는 종종 예기치 못한 문제로 발전해 화제가 되기도 했다. 물론 결말은 대개 하나의 '해프닝'으로 끝나기 일쑤였지만. 한 예로, 신포동에서 옛 신생동파출소 앞으로 건너는 건널목 맞은편 2층에 있던 모 다방 마담과 유명한 중국집 신성루 뒤쪽의 한 국숫집 사장의 1년여에 걸친 사연이 있다. 그 종말은 다행히도 잘 정리가 되어 소담(笑談) 수준으로 가라앉았으니 촌극으로 그친 것이 틀림없는데, 세인의 입은 한동안 이를 이야깃거리로 삼았다.

주인공 쌍방이 다 제자리로 돌아가 평온을 회복한 후, 국숫집은 사장 부인의 주도로 위치를 옮겨 다시 문을 열었다. 그때 손님이 뜸한 오후 무렵에 가끔 들러 새참처럼 국수를 후루룩거리고 있을라치면 그 부인이 앞에 와 앉으며, '댁도 다방이나 술집 여자를 특히 경계하라'는 어이없는 충고를 하던 일이 떠오른다. 사장에서 종업원으로 지위가 바뀐 그 남편은 손님이 있건 없건 국수를 누르는 주방 밖으로 한 발짝도

2011년에 문을 닫은 중구 중앙동의 삼화다방

나오지 못했던 기억도 떠올라 쓴웃음이 나온다. 이것은 1980년대 초반 무렵 이야기다.

친면이 있는 한 젊은 학자가 가정사를 이야기하는 도중, 생전 처음 목격했다는 선친과 모친의 6개월여에 걸친 불화를 꺼내 놓았는데, 그 원인이 어느 다방의 젊은 여성 때문이었다며 평생 엄하셨던 선친께 어떻게 그런 일이 생겼는지 모르겠다고 한 적이 있다. 이 모두가 잘 드러나지 않던 당시 다방들의 폐해라면 폐해였다.

배달 커피 형태도 아마 이 무렵에 등장하지 않았나 싶다. 틀림없이 다방들끼리 경쟁 경영을 하는 도중, 중국집 짜장면 배달이나 과거 인천의 냉면집 배달 방법을 응용한 데서 생겨난 산물일 것이다. 배달을 시키면 레지가 오고 가는 수고와 번거로움이 있으련만 이상하게도 다방에서 마시는 커피 값보다 오히려 배달 커피 값이 저렴했다. 까닭인 즉 주문 전화료를 탕감해 준다는 것이 그 명목이었다.

흔히 커피를 배달시키는 곳은 '다방 사장'의 경우와 유사하게 여직원을 두지 못하는 소규모 사무실이었다. 그래서 여기 '사장님'도 '다방 사장'과 마찬가지로 역시 레지 아가씨의 따듯한 보살핌을 받았다.

레지는 사무실에 도착해 보온병을 열어 주문한 잔 수대로 커피를 따른 후, 손님들이 마시는 짬에 '사장님'의 테이블을 정돈하고 걸레질을 한다, 재떨이를 비운다, 차일(遮日)을 적당히 내려 준다, 화분에 물을 준다 등등의 자잘한 서비스를 하는 것이다. 그뿐인가. 다방에서 끓여온 한 주전자의 구수한 엽차까지도 사무실 주전자에 가득 옮겨 채워 주었다.

이 모두가 다 발전한 다방 상술의 하나였음은 말할 것도 없다. 그리고 이 같은 배달 풍습이 후일 티켓 다방이니, 시간제 뭐니 하는 등으로 변질해 사회적 우려를 불러일으킨 꼬투리가 되었을 것이다.

다방 전성시대의 또 다른 풍경

홍콩에서 배만 들어오면

앞서 여러 번 인용한 바 있는 민병욱의 다방 관련 글을 다시 들여다본다. 그는 다방을 가리켜 '시민 대중의 응접실, 대기실, 또는 휴식처였다. 단체의 회합 장소요, 미팅이나 맞선 장소이면서 데이트 코스이기도 했다. 노년의 사랑방이자 대학생의 담론 마당이며, 직장인이 들르는 휴게실이었다. 실업자의 연락처였고, 불러 주면 사장인 김 사장, 이 사장 들의 사무실이거나 비서실이었다. 다소 줄어드는 경향을 보이기 시작했지만, 아직은 시와 미술과 음악에 영혼을 불사르던 예술가들의 전시 무대인 동시에 아지트이기도 했다'는 식의 내용을 설파했다.

이는 다방의 최고 전성기였다고 할 수 있는 1970년대의 풍정쯤 될 것이다. 이미 1960년대에도 우리 사회 전반에 다방이 상당히 번성하기는 했지만, '시민 대중의 응접실'에는 조금 못 미쳤고, 노년의 사랑방이라고 할 정도도 아니었기 때문이다. 또, '다방 사장'들이 우르르 생겨난 것도 5·16 이후 연이은 경제 개발 계획 추진에 힘입어 도시 사회가 차츰 발전해 가던 1970년대 이후였다.

다방은 우리 삶의 중심에 있었다. 거리엔 '한 집 건너 하나' 꼴로 다방이 있었고 밥은 굶어도 커피는 마셔야 사는 사람이 적지 않았다. 중년의 느끼한 남성이 약간 코 먹은 목소리로 "마담, 홍콩에서 배만 들어오면 말이야" 운운하며 다방 마담을 꼬드기는 농담마저 전국적으로 유행할 정도였다. 그만큼 다방의 마담이나 레지는 서민과 항상 마주하는 친숙한 존재였다.

이 역시 민병욱의 글로, 1970년대 무렵 우리 사회 깊숙이 자리 잡고 있던, 다방에서 볼 수 있던 한 풍경이 눈앞에 그려지는 듯하다. 특히 "홍콩에서 배만 들어오면" 운운하는 이야기는 우스갯소리로 널리 퍼져 있었는데, 그 소담(笑談) 속에는 '인천' 지명이 들기도 했다.

민병욱의 글에 좀 더 살을 붙이자면 "마담, 홍콩에서 배만 들어오면 말이야"는 "에…… 마담, 홍콩에서 '라이터 돌'을 실은 배가 인천항에 들어오면 말이야"라고 하는 것이 정설이다. 이 무렵에 이르러 성냥 대신에 일회용 가스라이터 사용이 유행했기 때문이다. 통칭 '라이터 기름'이라고 부르는 휘발성 연료를 넣는 '지포 라이터' 종류도 역시 라이터 돌이 있어야 했다.

일회용 가스라이터 공장은 인천에 상당히 많았는데, 그 폭발적인 수요에 따라 '라이터의 불을 발화시키는 돌'의 수입도 늘었기 때문에 이런 코믹한 농담이 다방 마담과 연관되어 퍼져 나갔던 것이다. 그리고 "중년의 느끼한 남성이 약간 코 먹은 목소리로" 하는 것은, 한 시대를 풍미한 영화배우 고 허장강 씨의 목소리를 흉내 내는 것을 두고 하는 말이다.

이 '라이터 돌' 이야기는 고분고분하지 않은 다방 마담을 달래는 의미에서 겉만 사장인 한량이 둘러대는 대사다. 그만큼 당시의 다방이

재떨이와 라이터 세트. 100원을 넣고 재미 삼아 그날의 운세를 점쳐 볼 수 있게 되어 있다.

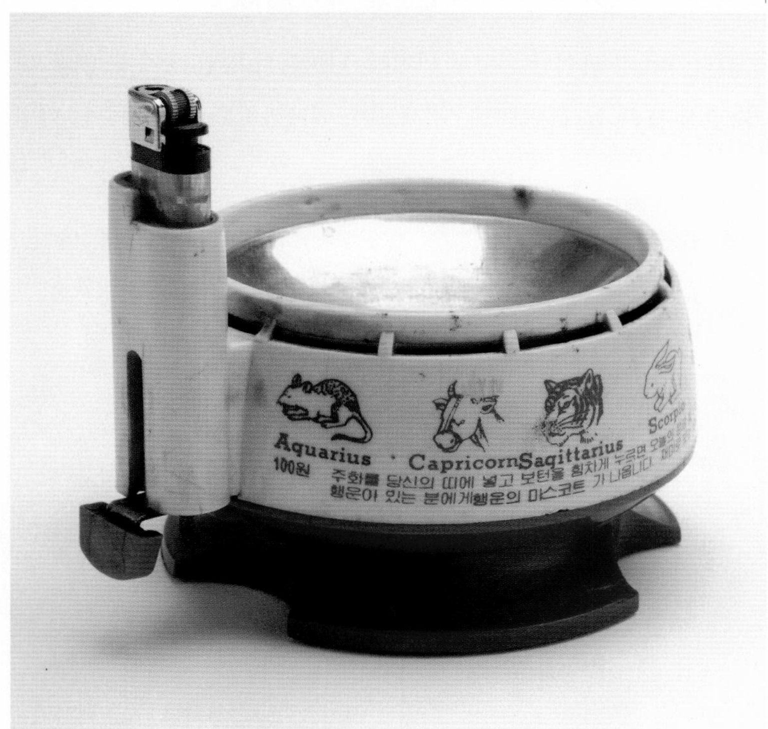

중·장년 남성들 일상의 한 부분이라고 할 정도로 밀착해 있었음을 말해 준다. 그리고 다방 마담이나 레지 역시 그들 단골과 매우 친숙한 관계였다는 것을 방증하는 사례라고 할 수 있다. 실제 이 '라이터 돌' 대사 앞에는 "이봐 × 마담, 우리 뽀뽀나 한번 할까?" 하는 속된 전제가 있었다고도 한다.

1970년대에 들면서 인천의 다방들은 전과 달리 굳이 문화 예술 분위기를 고수하지 않았다. 사회가 다기화하고 분화해 가면서 다방을 이용하는 손님이 각양각색으로 늘어나는 터에 굳이 예술가만을 본위로 하거나 우대해서 다방 분위기를 한정할 까닭이 없었던 것이다.

전시 장소가 늘어난 까닭도 있지만, 다방들의 영업 방침에 따라 '다방 전시'가 다소 주춤해지는 추세였다. 이때까지도 문화 예술인 다방

1969년 은성다방에서 열린 제1회 오소회전 당시의 모습

전통을 고집한 곳은 '은성다방'이 거의 유일했다. 그 외에는 1970년대 중반 송현동 오성극장 입구의 '오성다방'과 인천상공회의소 지하 '상지다방' 그리고 1970년대 후반 말엽에 생긴 가톨릭회관 지하 '성지다방' 등이 간간이 그림전이나 시화전, 사진전을 여는 정도였다.

후일 '은성다방'의 맥을 이었다고 할 수 있는 다방이 신포동 외환은행 옆 '국제다방'인데, 증·개축 후 옛 멋을 잃은 '은성다방'을 뒤로한 인천의 문화 예술인을 일부 끌어모은 정도였다.

참고로, 다음은 1970년대 '은성다방'을 중심으로 한 문화 예술계 전시회 기록이다.

〈1975년〉 6월 23일 허욱, 김구연, 이석인 3인 시화전, 11월 10일~16일 한국사진협회 회원전 〈1976년〉 12월 20일~26일 율리문학회(栗里文學會) 시화전 〈1977년〉 1월 28일 연당(然堂) 최경섭 시화전, 8월 22일~27일 서천(西泉) 랑승만 시화전, 〈1979년〉 6월 10일~16일 박병춘, 홍윤표 서양화전 등이 열렸다. 이 밖에 1976년 6월 5일~11일 인천상공회의소 지하 상지다방에서 택류(澤流) 홍세영 사진전이 개최되었다.

단골의 의리는 지켜야지

1970년대의 또 한 가지 특징이라면 다방에 출입하는 사람마다 단골 다방이 있었다는 점이다. 지금은 사라졌지만, 중구 신생동 옛 공보관 옆의 '소월다방'은 1970년대 중반 인천예총 회장이었던 이철명 화백이 자주 드나들었다. '소월다방'은 작고한 친구 J를 따라 종종 가 앉곤 하던 다방이다. J는 이철명 회장으로부터 공보관 뒤의 나대지(지금은 아마 한일기업의 부지가 되었을 것이다)나 다름없던 몇 평의 땅과 퇴락한 건물을 매각한다는 말을 전해 듣고, 중개인을 자원해 한동안 원매자를 물색한답시고 이 다방을 드나들었다.

고 최병구 시인은 '은성다방'을 떠나 한때 신생빌딩 지하의 '신생다방'을 아지트로 삼기도 했고, 신광인쇄소 김정호 사장은 사무실과의 거리 형편상 '외교다방'을 주요 거점으로 삼았다. 신포동의 '폭포수다방', '란다방' 등은 수필가 김길봉, 소설가 김창황, 극작가 김진엽 선생들이 자주 가던 다방이다. 작고한 분들인데, 생전에 다방에서 한가하게 신문을 보거나 원고를 쓰던 모습을 볼 수 있었다. '국제다방' 역시 1980년대에 이르도록 이분들이 주로 드나들었다.

"그래도 정리(情理)상 괄시할 수 없는 단골손님만은 의리를 지켜 가끔 찾아가야 하니 이 노력이 여간 힘들지 아니하다. 의리 지킬 집이 한두 집이 아니니까 이 집에 가면 저 집이 걸리고 저 집에 가면 또 그 집 생각이 나서 심중 불안하다. 그렇다고 해서 아무리 커피를 좋아한다기로 집집마다 모조리 다니며 커피만 마실 수는 없으니까 다른 것을 섞어 마시게 되는데, 다방은 커피가 생명인지라 이것이 문제이다.

"애, 난 커피 그만두고 레몬티를 다우."

슬그머니 말했건만 눈치 빠른 마담은 벌써 알아듣고,

"암, 그러시겠죠. 딴 데서 잡수시고 오셨으니 우리 집 커피를 어떻게 잡수시겠어요. 레몬티인들 선생같이 입 높으신 분 입에 대실 수 있나요, 뭐. 사과나 잡수시죠. 사과만은 저의 집 가공품이 아니고 천연 산품이니까 안심하시고 잡수세요. 가시다가 ××다방에 들르셔서 또 한 잔 잡수셔야지 않아요."

폐부를 찌르듯이 내 심리를 알아맞히는 데는 놀라지 않을 수 없어 못 이기는 체 3백 원짜리 사과를 깎으면서,

"내가 언제 ××다방 갔다고 그렇게 비꼬세요. 나는 찻집이라고는 이 댁밖에 모르는데요. 요새 위가 상해서 커피를 못 먹어요. 공연히 오해하지 마시우."

하고 변명해 보나 안 될 말이다.

김성진 전 보건사회부 장관이 쓴 수필 「다방 의리(茶房義理)」의 일부분이다. 이 수필은 1950년에 쓰인 것이지만, 여기 등장하는 이야기는 1970년대 무렵에도 흔히 보이던 풍경이다. 다른 다방에 갔던 사실을 들킨 손님이 단골 다방 마담에게 쩔쩔매는 장면이 재미있다.

다방마다 단골이 정해져 그 다방만을 다니는 '다방 의리'가 널리 통하던 시절의 이야기다. 종일 커피를 여섯 잔이나 마셔 구토가 나는 지경에서도 의리를 지킨답시고 단골 다방을 찾아가 또 차를 마시는 고역을 한탄하고, 그럼에도 "커피는 역시 다방 분위기 속에서 주인 마담과 농담을 하며 마셔야 기분"이 난다는 끝 부분의 고백을 접하는 순간,

실소하면서도 공감하게 된다.

다음은 1970년대 초반 인천의 133개 다방 전화번호다. 당시 어느 다방 카운터에 걸려 있던 '다방 조견표'에 실린 것으로, 아쉽게도 주소는 기재되어 있지 않다. 단골 다방의 추억이나, 김 장관처럼 각별한 '다방 의리'가 있었던 분들은 이름과 전화번호를 보는 것만으로 감회가 남다를 듯하다.

경②4826 경기②2743 경인②0558 고고②5670 고려②8191 곰②9275 궁②2332 궁원③2218 귀거래③2210 귀빈③3071 금③2929 금강②2332 금성③3309 금호②6377 길②7688 나이야가라②3239 낙원③6578 낙희②4837 남산②2097 노엘③4953 늘봄②5374 뉴서울②3239③3968 대도②3054 대림③1016 대성③3546 대지②3134 대한②1981 대호②2515 대화②3181 도원②4450 돌②9241 돌체③2620 동백②1460 동양②2753 동원②8361 동인②4258 동인천③0429 동춘③1881 동현②4704 두꺼비②6143 로젠켈라②9494 로타리②3842 마음③1286 만석②3451 명②4314 명성②2728 명신②9113 명지②6042 문③0409 미담②4080 미미②7792 미정③0774 미화②8750③0285 물망초③1344 방원②4212 배다리③4483 백구③0958 백마②4751 백호②1095 벤③3630 벤허②1596 별②4265 별궁②3807 보리수②2977 복②9360 복지②8049 복천②3254 본궁②9585 본전②8905 봉②7705 부론즈③0658 부성③0486 사랑방②5794 사장실②4965 산유화②2059 산호③0217

삼성②7400 삼화②4738 상로②6757 상록수②4356 상미②7848 상아탑②2341 샨데리②6431 샘②6379 서림②5747 석②1349 선미②3325 설매③3168 성③0454 성림②5775 성진②6558 세계②1728 쎄븐②1108 소원②6741 소월②5423 솔②2950 송림③0484 송미②9008 송월②8518 송지③1279 수②3100 수도③3724 수련②9726 수정②5867 수정탑②5900 수향②6713 숭의③0161 신생②4657 신세계③2955 신신②8137 신신커피③3109 신정②3846 신진②4269 신혼②1524 신흥③3924 아담③2770 아씨③1435 아카데미②2623 아테네②8544 알파②4702 야호③1675 양③3362 양지②1670 양호②3085 엄지③3848 에덴③2173 여로②9717 여심②9767 여왕봉②4019 여정②1320 역마차③4151 연②1015 영화②6221 오성②3422 왕궁②8914 외교②1636 외환②3451 용③0272 용현②9419 우봉②0881 우정②1700 우성②9976 원②8981 월궁②5900 월드컵②5280 유니버샬②7210 유림②5818 유성②5518 유토피아③6800 윤②8462 은성②4038 은실②5749 은파②9992 은하②2417 은하수③0367 은호②0602 응접실③2560 인성②4887 인천②0559 인하②3602 일번지③1221 자유②1483 장미②2485 장안③5244 전원②3622 정③0552 정심③2979 정은②4631 중앙②7019 주안②1473 지하③2058 지하실③3688 짐②3950 천수②4348 청수②3840 청원③2308 청포③0783 청호③1713 초원②5842 칠성②8423 커피코너②5339 코스모스②9374 코끼리②4953 타임②4463 태양②3522 통일②3478 투모루②2681

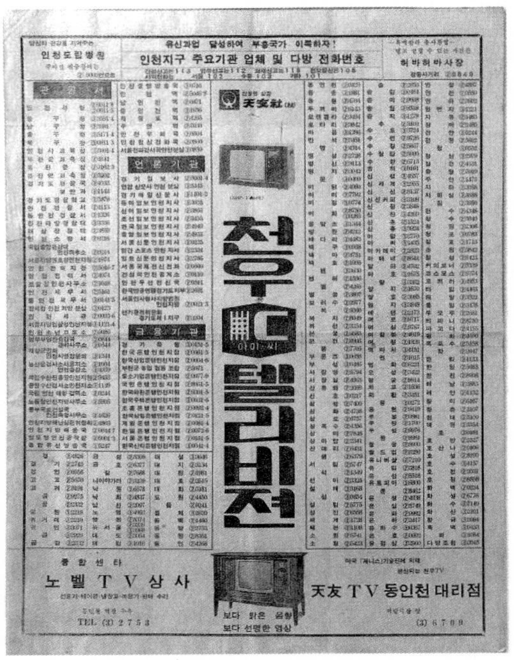
유신과업 달성하여 부흥국가 이룩하자!
인천지구 주요기관 업체 및 다방 전화번호
인천도립병원
허바허바사장
관공서
언론기관
금융기관
天友社
천우 C 텔리비젼
종합센타
노벨 T V 상사
TEL (3) 2753
보다 맑은 음향
보다 선명한 영상
天友 T V 동인천 대리점
(3) 6709

1970년 초 인천의 다방 조견표

티파니②8750 파고다②4155 평화②4690 폭포수②3158 학②2947 한림③1133 한일②5685 한진②8908 해남②2883 해안②1132 향미②6167 향촌②3107 현대③3100 혜원③3354 호③0181 호반②2527 호산나②0106 호성②8290 호수③4157 호전②2031 호정②8858 화백②0224 화성②6776 화수②7140 화신③2101 황금③2084 흑백③0433 희③1054

절정기에서 변화의 시기로

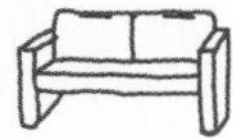

인스턴트커피의 도전

다방 문화의 난숙기(爛熟期)라고 할 수 있는 1970년대는 또 한편 다방 문화의 쇠퇴를 예견하던 시기라고도 할 수 있다. 로마 문명이 최고의 번영과 사치를 누리던 정점에서 쇠락의 길을 걸었듯이, 우리나라 다방 문화 역시 최고조 극성(極盛)의 지점에서 종래와 다른 이종(異種)의 출현을 부르는 등 여러 가지 도전에 직면하면서 서서히 쇠퇴의 길로 들어선 것이다.

DJ가 인기를 독차지하는 음악다방이 생겨난 것도 반세기 이상 유지되어 오던 전통 다방 형태에 대한 이종이자 하나의 도전 실례였을 것이다. 또, 다방의 범람은 피차 대형화, 고급화 경쟁을 유발해 서울에는 일부 법인(法人) 형태의 대자본 다방이 등장하기도 했다.

더불어 1975년 중반에 발생한 '석유 파동'은 수입 커피의 값을 올렸고, 이에 따라 국산 차 마시기 운동이 일어나면서 한때 다방 출입을 자

제하는 분위기가 조성되기도 했다. 그러나 무엇보다 다방에 불리하게 작용한 것은 국산 제조 커피의 성장세였다.

1968년 5월에 설립한 '동서식품주식회사'는 1970년 6월 미국 '제너럴 푸드' 사와 커피 제조 기술 도입 계약을 체결하고, 인천시 계양구 효성동 대지 4,700여 평에 공장을 세웠다. 그리고 9월부터 국내 제조로는 최초인 '맥스웰 하우스 레귤러 그라인드 커피'를 생산하면서 인스턴트커피 시대를 열었다.

인스턴트커피는 직수입 외래품이 아닌 국산 커피라는 점에서 다방이 세간의 눈총을 덜 받게 하는 이점으로 작용했다. 동시에 커피 원료의 안정적인 공급도 기대할 수 있었다. 그러나 이것은 다방이 아닌 곳, 즉 집에서도 커피를 마실 수 있게 한, 다방으로서는 적대적인 사건이 되고 말았다.

또 한 가지, 이 시절 다방의 주요한 변화는 커피에 크림을 넣게 되었다는 것이다. 고유명사가 되다시피 한 '프리마'의 국내 생산, 보급으로 오늘날 우리가 흔히 '양촌리 커피'라고 장난삼아 부르는, 이른바 설탕과 크림을 넣은 '다방식' 커피가 유행하게 되었다. 그전에는 다방에서 커피를 주문하면 으레 레지가 연유(煉乳)가 담긴 작은 주전자 모양의 사기 또는 스테인리스 용기를 가지고 와 첨가 여부를 묻고는 고개를 끄덕이는 손님에게만 몇 방울 떨어뜨려 주곤 했다.

'프리마'는 1974년 12월, 역시 동서식품에서 시판하기 시작했다. 동서식품은 더 나아가 1976년 12월에 세계 최초로 커피믹스를 개발해 시중에 선보였다. 잇따라 커피 관련 제품들이 진화해 출시되면서 굳이

다방에 가지 않고도 회사에서나 가정에서나 끓는 물만 있으면 간단히 커피를 마실 수 있는 시대가 된 것이다.

이 같은 변화는 결국 다방의 경영을 위협하는 중대한 도전이 되었다. 따라서 다방이 살아남기 위해서는 더 치열한 생존 전략이 필요했다. 동서식품은 이 같은 환경에 처한 다방 업자들을 위해 1979년인가 일본에서 가라사와 기츠모라는 사람을 초청해 제1회 다방 경영 세미나를 개최했다. 이보다 앞선 1970년 8월 8일, 동서커피판매주식회사(가칭)의 설립 발기 당시 다방 업주들에게 참여를 독려한 것도 그런 의도가 아니었나 싶다. 그러나 다방 업자 측에서 보면 이 모두가 병 주고 약 주는 꼴이었는지도 모른다.

동서식품에서 내놓은 커피 보온병

아무튼, 다방들은 생존을 위한 새로운 돌파구를 모색해야만 했고, 그 결과 탄생한 것이 젊은 층을 겨냥해 인기 DJ를 둔 전문 음악다방이었다. 물론 오디오 산업의 급격한 발전 때문에 음악다방도 1980년대를 넘어서면서 시들해지기는 했지만, 이 무렵에는 일단 성공적인 전략이었다.

음악다방의 유행 바람은 인천에도 불어닥쳐 몇 군데 그런 다방이 새로 생겨나기도 하고, 기존 다방이 음악다방으로 변신하기도 했다. 하지만 인천은 서울이나 부산 등 다른 대도시와 비교해 인구가 적은 데다, 음악다방의 주 고객이라고 할 수 있는 젊은 층, 곧 대학생 상당수가 서울 통학생이어서 그 수가 그다지 많지는 않았다.

기존의 '짐다방'과 '별다방' 외에 동인천역 쪽의 '흑백다방', '혜성다방' 그리고 재빨리 음악다방으로 변신한 '명다방' 등이 기억난다. 용동 마루턱 아치가 있던 부근의 '석화다방'도 음악다방으로서 젊은 층의 인기를 제법 끌었다. 오늘날 신포 패션 거리로 불리는 내동 의류 상가 초입에서 조금 더 안쪽으로 들어가 자리 잡은 '다희다방' 그리고 갤러리를 겸했던 가톨릭회관 지하 '성지다방' 역시 음악다방을 표방하면서 젊은 고객을 끌어들였다. 당시 신흥 상권 지역으로 발전하던 주안역 일대에서는 '촛불다방'이 유명했고, 제물포역 앞의 '동일다방'도 DJ를 앞세워 음악다방 대열에 합류했다.

한편, 이때는 새로운 형태의 음악 전문 다방 외에도 장발 청소년과 히피족이 출입하는 퇴폐성 다방이 출현하면서 사회 문제를 일으키기도 했다. 당국의 지시로 모든 다방이 출입문 앞에 '미성년자, 장발자 출입 금지'라고 써 붙였던 것이 지금도 눈에 선하다. 그러면서도 일부 다방은 종종 대마초 종류인 '해피스모크' 같은 금지 품목을 암거래하는 등 퇴폐 행위의 온상이 되어 단속의 된서리를 맞기도 했다.

치열한 경쟁의 부작용

그런가 하면 이 시기에는 1960년대보다 마담과 레지의 상술이 더욱 극성을 떨었다. 마담과 레지의 존재는 1980년대에 이르러서는 다방을 완전히 양분화하는 기준이 되었고, 동시에 티켓 다방을 탄생시키는 퇴폐의 전주(前奏)가 되었다.

그러니까 마담과 레지가 있는 다방은 '노털 다방'이니 '꼰대 다방'이니 하는 별칭이 말해 주듯 노·장년층이 주로 드나들었고, 젊은 층은 DJ가 있는 음악다방을 본거지로 삼아 출입하는 식이었다. 이 노장층 다방에 관해서는 "나이 든 손님과 마담, 레지 들이 벌이는 행동이 차마 눈 뜨고 볼 수 없을 정도"라는 신문 독자의 투고가 실릴 정도였다.

오디오 시스템 외에 다방에 TV가 설치된 것도 1970년대 중반부터가 아닌가 싶다. 특히 쇼 프로그램이나 스포츠 중계를 보려는 고객들 때문에도 다방은 필수적으로 대형 TV를 벽에 설치하지 않을 수 없었다. 특히 노·장년층 다방에는 시간에 맞춰 뉴스와 연속극 같은 것을 시청하는 고정 손님도 있었다.

다방의 경쟁이 치열해지면서 엉뚱한 피해자가 생겨나기도 했다. 대표적으로 애연가들이 피우고 싶은 담배조차 마음대로 사 피울 수가 없었던 일을 꼽을 수 있다. 1970년대 초반 고급 담배였던 '청자'는 거리 담배 가게에서는 살 수 없을 정도로 귀했다. 다방이나 음식점 등이 몽땅 매점(買占)해다가 단골이나 자기 업소 손님에게만 서비스 차원에서 독점 판매했기 때문이다.

「선」등 高級담배品貴

茶房서사들여 단골손님에팔아

【平澤】 매주 1회씩 平澤군 담배소매소에 공급되고는 선과 거북선등 고급배가 품귀현상을 빚고있데 지난11일 선과 거북등 고급담배가 자연초상에게 공급됐으나 여전히 품귀현상을 빚고있다.

이와같은 원인은 고급담배가 2주간 결배된후 재공급이 시작되자 平澤읍내 중심가에는 각다방에서 고급담배를 모두사들여 단골손님들에게 팔고있기때문

그런데 자연초소매소에서만 팔게돼있는데 각유흥업소와 다방에서 모두 사들여 시중에는 품귀를 빚게된것이라고하며 각다방 단골손님에만 나누어주고 있다는 것이다.

다방에서 고급 담배를 독점해 판다는 인천의 한 신문 기사

1974년에 나온 '거북선'과 '선' 담배도 역시 그런 형편이어서 "담배를 사러 다방에 간다"거나 커피 한 잔 130원과 담배 300원을 합쳐 "담배 한 갑에 430원"이라는 말이 유행할 정도였다. 초년 직장 생활을 서울에서 할 때 서울역 건너 '역마차다방'에서 회사 동료와 이런 식으로 '거북선' 담배를 산 기억이 난다.

이 무렵을 떠올리노라면 상당수 다방이 자행하던 기막힌 악덕(惡德)

을 이르지 않을 수 없다. 이른바 '콩피, 꽁피 사건'이다. 거기에 미성년자에게 다방을 빌려 주어 '고고 파티 장소'로 쓰게 하거나, 대낮에 고교생의 쌍쌍 파티를 위해 다방을 임대하는 일도 있었다.

> 대법원 형사부는 11일 커피에 담배를 섞어 판 혐의로 기소된 유리다방 주방장 김창식 피고인(27)에 대한 상고를 기각, 원심대로 징역 1년을 확정했다. 대법원은 또 같은 다방 주인 신도식 피고인(36)에게도 벌금 30만 원을 선고한 원심을 확정했다.
>
> 이들 두 피고인은 지난해 4월 1일부터 5월 7일까지 커피 색깔을 짙게 하려고 담배꽁초를 끓여 커피에 섞어 판 혐의로 기소되었다.

1977년 5월 9일 자 「경향신문」의 보도 내용이다. 서울 서소문에 있는 '유리다방' 주방장과 주인에 대한 최종 판결인데, 이처럼 엄중한 벌을 받았다. 이어지는 기사 내용은 범인 신도식이 '커피 30잔을 내는 한 주전자를 끓일 때, 알 커피를 정량보다 적게 넣고 그 대신 3분의 1개비 분량의 담뱃가루를 섞어 끓여 색깔을 진하게 하거나, 소금과 달걀 껍데기를 넣어 커피 맛이 나게 했다'는 것이다. 하루에 무려 700잔 이상을 팔았다니 담배를 피우는 것보다 더 해롭다는 니코틴 커피를 한 달이 넘게 수백 명의 손님이 매일 돈 주고 사 마신 셈이다.

이제 겨우 산업화의 첫걸음을 떼던 우리 사회에 어느새 이토록 금전만능의 사고방식이 만연했는지 놀랄 따름이다. 이 무렵 특히 빈번했던 것이 다방을 점거하고 인질극을 벌이던 사건이다. 대부분 변심한 애인에 대한 좌절과 복수심, 사회에 대한 분노가 그 까닭이었다. 이 역시 우리 전통 도덕이 무너져 내리기 시작하던 당시 세태의 단면이라 할 수 있을 것이다.

한편, 1970년대 후반에는 커피믹스에 이어 커피 자판기까지 등장했다. 1977년 '롯데산업'이 국내 최초로 일본 '샤프' 사로부터 커피 자판기 400대를 도입해 설치했고, 이에 맞추어 1978년 1월에 들어 동서식품이 자동판매기용 커피를 생산해 판매하기 시작했다. 이제 길을 가다가도 동전 몇 닢만으로 얼마든지 커피를 마실 수 있게 된 것이다.

1986년의 삼성 커피 자판기.
자판기의 등장도 다방이 설 자리를 잃어 가는 데 한몫했다.
(사진 제공: 김호식)

1968년 데뷔하면서 독특한 창법으로 크게 히트한 펄 시스터즈의 「커피 한 잔」 레코드판은 이 무렵에도 다방 전축 위에서 쉴 새 없이 돌아갔다. 그래서 시내 다방들은 여전히 호황을 누리는 듯이 보였다. 하지만 사실은 점점 더 강력한 도전이 도사리고 있었다.

이 시기 인천의 다방들만은 유독 정직했던 것인지, 아니면 다방이 몰려 있던 시내 중심가 바닥이 너무 좁아서였는지, 그도 아니면 드나드는 고객 부류가 워낙 공무원이나 신문 기자들이 주를 이루었던 때문인지, 서울과는 달리 그리 큰 사건이나 말썽이 없었던 것으로 기억한다. 물론 고급 담배 품귀 소동 따위의 일은 있었지만, 악덕 '콩피, 꽁피 사건'은 별로 없었던 듯하고, 서울이나 다른 지방에서처럼 인질 사건이나, 고등학생 등 미성년자를 입장시킨다든지 혹은 그들에게 다방을 파티 장소로 대여하는 일 역시 일어나지 않았던 것으로 기억한다.

1970년대 중반을 넘어서면서는 웬만한 시골 면 단위 지역은 물론 소도시나 읍에도 대도시에 뒤지지 않는 스타일의 다방이 예외 없이 문을 열었다. 그러면서 농촌 사회에 여러 가지 변화를 가져오고, 그에 따라 갖가지 부작용을 일으키기 시작했다. 다방에 칸막이를 해서 맥주 같은 주류를 팔거나 "커피 50잔에 티켓 한 장 뗀다"는 등의 퇴폐 행위가 버젓이 벌어지기 시작한 것이다.

이처럼 1970년대에 다방은 자신들을 둘러싼 불리한 환경 변화에 정면으로 대처하면서, 한편으로는 비정상적인 방향으로 변하기 시작했다. 흔히 역사를 이야기할 때 쓰는 '전성기에서 감지되는 말기 징조'라는 표현을 이 경우에 그대로 적용해도 될 정도였다.

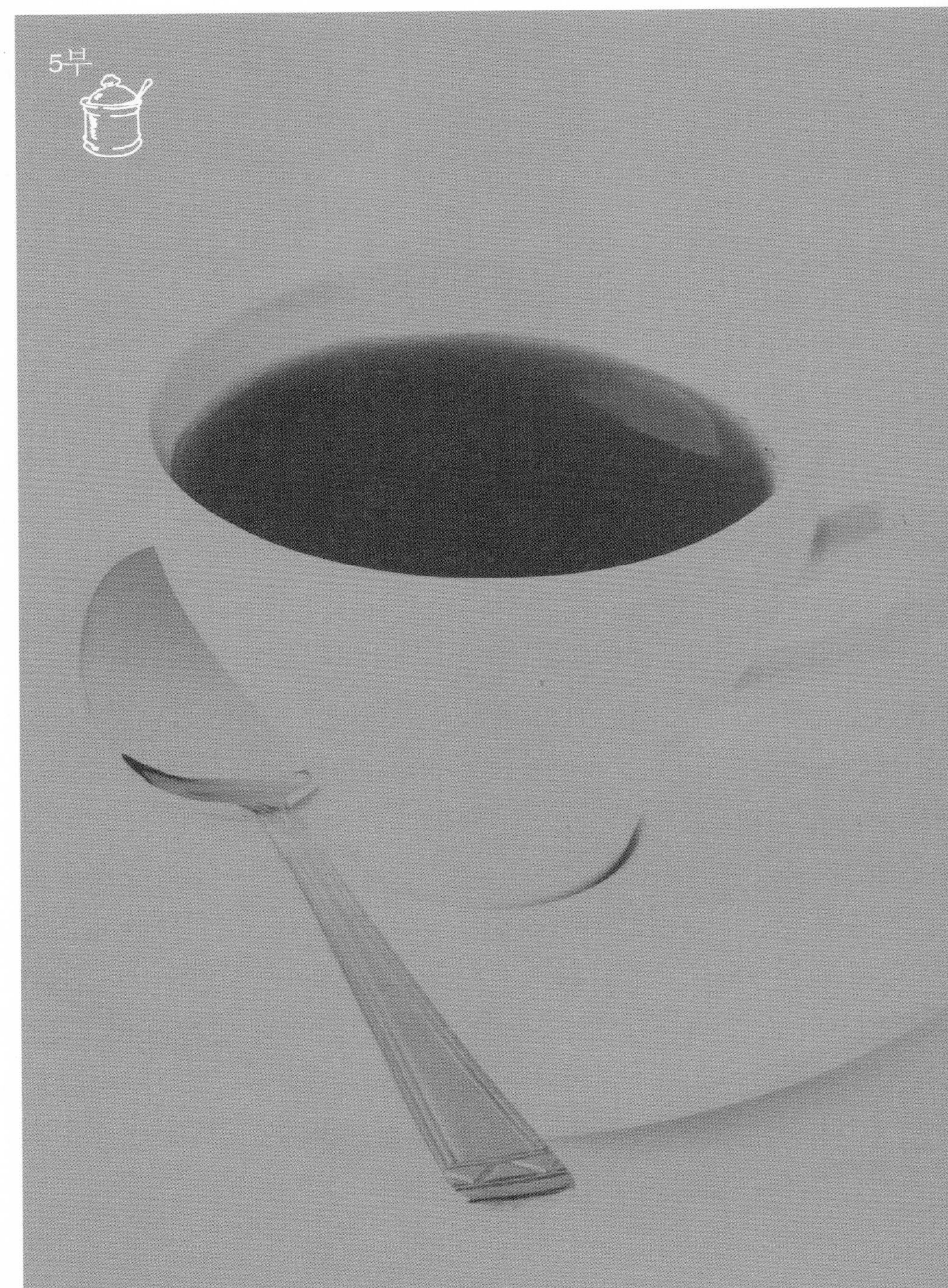
5부

• 1980년대 '국제다방'의 기억

• 마지막 전통 다방 시대

• 그 많던 다방은 다 어디로 갔는가

1980년대에서 2000년대까지

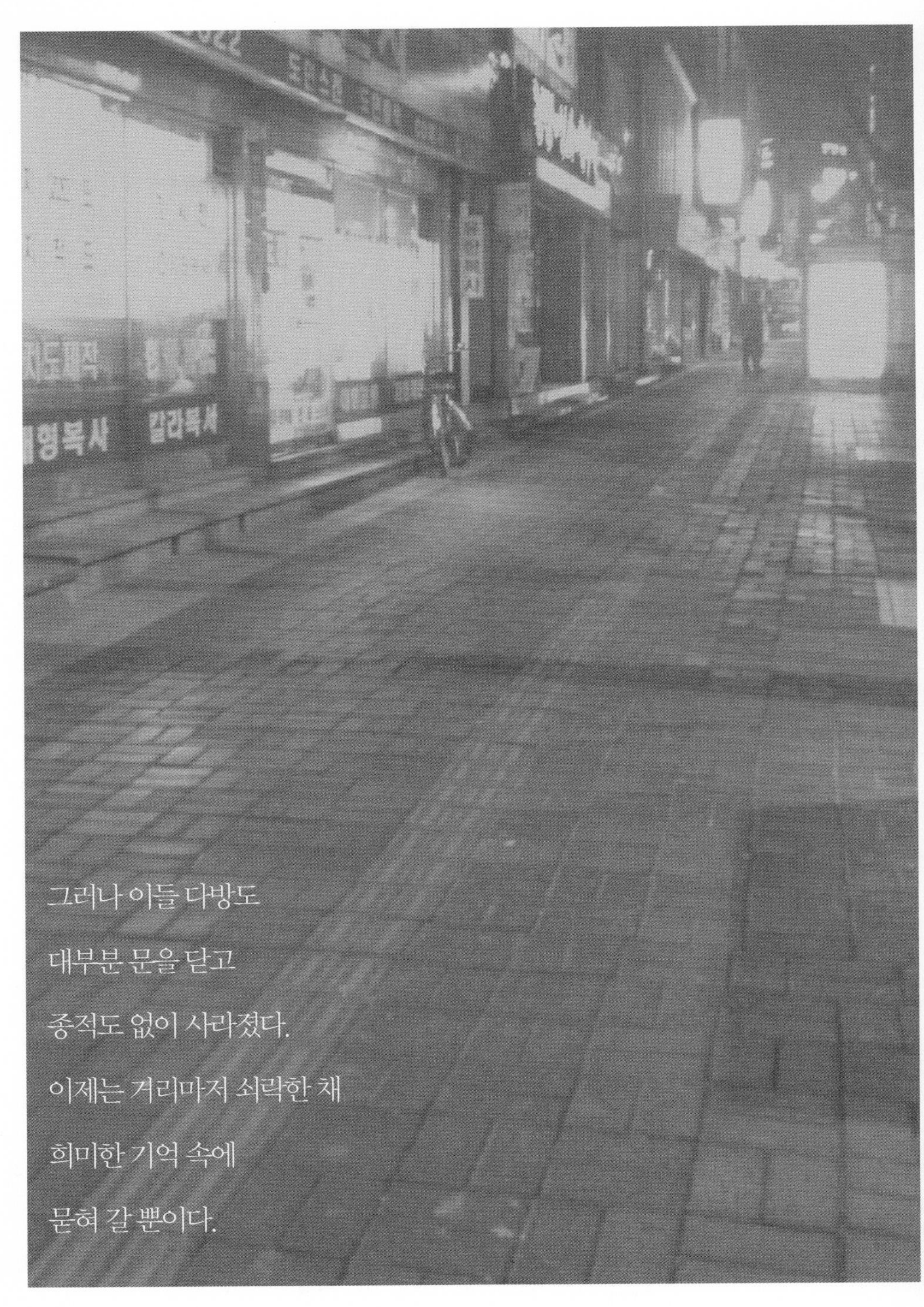

그러나 이들 다방도
대부분 문을 닫고
종적도 없이 사라졌다.
이제는 거리마저 쇠락한 채
희미한 기억 속에
묻혀 갈 뿐이다.

1980년대 '국제다방'의 기억

인천 문화인의 마지막 안식처

화가·서예가들은 물론 사진작가와 언론인 등 지식인들의 사랑을 많이 받았던 국제다방(현 국제커피숍, 답동사거리 국제빌딩 지하)은 1979년 다방 문화가 한창 무르익던 시기에 문을 열었다. 인천 지역에 있는 현존 다방으로서는 유일하게 원래 위치를 지키고 간판도 그대로 유지하고 있는 곳이기도 하다.

국제다방 터줏대감인 윤석례 사장은 다방을 처음 차릴 때만 해도 "스스로 꼼꼼하고 도도하게 행동하기 위해 무던히 애를 썼다"고 고백한다. 그만큼 당시 국제다방을 드나들던 인물들이 소위 지역에서 '콧방귀 한번은 뀐다'는 유명 인사였던 것. 고위직 공무원은 물론 문화 예술인과 언론인들이 수시로 드나들던 단골집이었기 때문에 그들과의 대화에 동참하기 위해선 그녀도 여러모로 학식과 지성을 겸비해야 했다.

그런 윤 사장에게는 현재도 잊지 않고 찾아 주는 단골손님이 제법 많은 편이다. 하루에 보통 20명 정도는 테이블을 채우고 있는데, 멀리 부산과 광주는 물론 외국에서도 1년에 한 번씩은 꼭 그녀를 찾는다고 한다.

그런 그녀에게도 최근 들어 가슴 저미는 일이 부쩍 늘었다. 30년 넘게 함께해 준 단골손님들이 지병과 노환으로 하나둘 먼저 세상을 등지고 있기 때문. 그녀는 "지난 연말 우리 가게서 송년 파티를 한 단골 한 분도 얼마 전 돌아가셨다"며 "보고 싶은 분들을 하나둘 떠나보내야 하니 그게 가장 안타깝다"고 말했다.

2012년 1월 27일 자 「기호일보」에 실린 이재훈 기자의 '잊혀 가는 옛것과의 재회' 6회분 '옛날식 다방'에서 발췌한 것이다. 1980년대 인천 문화 예술인의 마지막 안식처였던 '국제다방' 이야기를 쓸 차례에서 왜 그런지 도통 붓이 나가지 않았다. 해서, 근래에 몇 번 가 앉아 윤 사장과 몇 마디 옛이야기를 나누다가는 돌아오고, 돌아오고 했는데, 그러던 차에 이 기자가 먼저 쓴 이 '쓸쓸한' 글을 읽게 되었다.

'국제다방'은 1980년대 초·중반까지 문화 예술계 여러 선배, 어른들과 다니던 곳이어서 '은성다방' 이상으로 가지가지 추억이 가슴을 저리게 하는 곳이다. 아니나 다를까, 이 기사를 읽는데 왈칵 눈물이 다 솟았다. 그러면서 이제 여기를 찾는 인천의 문화 예술인은 단 한 사람도 없다는 적막감이 몸을 옥죄었다. "이제 이 다방을 찾는 인천의 문

인천시 중구 신포동에 남아 있는 국제다방.
이곳은1980년대 인천 문화 예술인의 마지막 안식처였다.

화 예술인은 단 한 사람도 없다!" 소리라도 지르고 싶었다.

중구 신포동 18번지 외환은행과 잇닿은 국제빌딩 반지하 '국제다방'은 말 그대로 '은성다방'을 이은 후기 '지식인의 쉼터'였다. 앞에서 몇 줄 언급한 바 있듯 '은성다방'의 증·개축과 변화를 겨워한 몇몇 예술인이 발길을 돌리고, 그중 몇 분이 여기로 본거지를 옮기면서 잠시나마 문화 예술인 다방으로서 은성기(殷盛期)를 누린 것이다.

이 다방에 관해 떠오르는 사건이라면, 1985년 인천예총 회장 선거가 먼저다. 당시 평론가 김양수 선생을 후보로 밀던 이쪽 진영이 연락처로 썼는데, 손설향 선생, 김구연 형, 조우성, 정승열 양 군 등과 여기서 몇 번 회합을 했다. 그러나 상대 진영의 융성함에 기가 질려 이렇다 할 운동을 펴 보지도 못한 채 패배를 안았다. 이 선거는 결국 한상억, 김길봉, 김진엽, 심창화 선생 등 노장층 문인들을 주축으로 삼아 몇몇 다른 협회를 완벽하게 포섭한, 같은 문협 소속의 소설가 김창황 선생이 재차 회장에 당선됨으로써 막을 내렸다.

그때 연임을 위해 선거 운동을 하던 김창황 선생은 외환은행 앞 '폭포수다방'에 선거 본부를 차린 것으로 기억한다. 그 모퉁이를 돌아 대로변에 자리 잡은 '란다방'이 선거 보조 사무실로 쓰였을 것이다.

어떤 연유였는지, 분명 변심은 아니었는데, 하루는 시인 손설향 선생을 따라 '폭포수다방'에 가서 김창황 선생 대신 김길봉 선생의 유세(誘說)를 몇 마디 듣고는 커피에 이어 내온 쌍화차까지 연거푸 두 잔을 마신 일이 떠오른다. 예총 선거는 각 협회 선거인단(대의원)에 의한 간접 선거였는데, 그때는 아직 선거인단이 선정되지 않은 상태였다. 그래서 혹시 있을지 모르는 어떤 가능성을 보고 그런 융숭한 대접을 한 것이 아닌가 싶다. 그러나 선거인단에는 끼지 못했고 김창황 선생은 무난히 당선되었다.

추억 속으로 쓸쓸히 퇴장하다

'국제다방'은 예총 선거보다도 훨씬 전인 1980년, 다시 낭인 생활이 시작되면서 드나들게 되었다. 동양화가 우문국 선생과 서예가이자 광성고 한문 교사 김인홍 선생, 서양화가이자 역시 광성고의 미술 선생 정순일 화백, 타계 얼마 전까지 선화여중 미술 교사로 있었던 김영일 선배, 미술인은 아니었지만 정순일 화백의 백씨로 무슨 조경 회사에 관련하던 정순창 선생, 그리고 영종도 동사무소였는지 보건소였는지 아무튼 공무원이었던 K 양과 송림동 사는 '영순' 양 등이 우리 구성원이었다.

차를 마시고 긴한 대화를 하기 위해 모였다기보다는 그저 한 사람 두 사람 자석에 끌리듯 차례로 신포동에 출근해서는 이 일대 교통 요지에 앉은 '국제다방'을 모항(母港)으로 삼아 근처를 무위(無爲) 항해했다는 것이 옳을 듯하다. 물론 낮부터 '국제'에 모이는 이들은 당시 교사였던 김인홍 선생과 정순일 화백 그리고 그의 백씨 정순창 선생, 공무원 K 양을 제외한 나머지 인사들이었는데, 저녁이 되면 이들까지 '국제다방'이나 '백항아리집'으로 와서 한식구처럼 동석했다.

초저녁 시간에는 가끔 화가 황병식 선생, 독특한 화풍으로 감탄을 자아낸 백낙종 선생도 뵐 수 있었고, 드물게 화가 김영애도 얼굴을 내밀었다. 신포동 해장국 집의 대명사였던 '답동관' 집 장녀 소담(素潭) 유성화, 보세 옷 가게를 하다 후일 맥줏집 '꿈과 같이'를 경영했던 김성실도 드문드문 끼었다.

간혹 일요일 같은 때는 전원이 낮에 '국제다방'에 모이기도 했는데, 1982년인가, 이것이 발전하여 이른바 '문화 예술인 친목 동호회'랄 수 있는 '삼락회(三樂會)'가 결성되었다. 이 모임 명칭에 대해서는 매우 감회가 깊지만 약간의 이설(異說)이 있어 설명은 피한다. 삼락회 결성의 뒷일은 지금 인천예총 사무를 보는 김학균이 물심양면 매우 헌신적으로 감당했다. 그의 직장이 '국제다방' 바로 옆의 외환은행으로, 가장 중심지에 있었던 것도 그 한 까닭이었다.

삼락회 초기 회원 장주봉 화백의 고향인 충남 아산의 도고온천으로 처음이자 마지막 기념 여행을 떠난 일이 생각난다. 우문국, 김인홍, 심창화, 손설향, 이종무, 김영일, 김학균, 장주봉, 김윤식, 김영애, 그리고 이종무 화백의 '한 동행자' 등이 함께했다. 몹시도 춥던 그해 겨울날 하루 일정은 꽁꽁 얼어붙은 무슨 저수지에서 강태공들의 얼음낚시 구경을 하고는 점심을 먹고 온천에 가서 목욕하는 것이었다. 그날 아침 김학균이 준비한 승합차를 타고 출발한 장소도 물론 '국제다방' 앞이었다.

'국제다방'의 추억이라면 또 잊을 수 없는 것이 있다. 인터넷 어느 블로그에도 얼핏 그런 말이 올라 있었던 듯한데, 이른바 '주사 맞는다'는 말이었다. 이 말은 아마 영원한 '우탄트(제3대 유엔 사무총장) 총장' 우문국 선생이 지어냈거나, 아니면 널리 유포했을 것이다.

'국제다방'에 모이면 우선 커피 한 잔씩을 한 후 '백항아리집'으로 가서 약주를 몇 양재기씩 들이켜는 것이 통례였다. 그러고는 다시 제 집 찾아오듯 '국제다방'으로 돌아와 한담과 휴식을 취하는 것이다. 이때는 차를 주문하지 않아도 윤 사장이 너그럽게 보아 주었다. 그렇게 얼마를 지나면 문득 우 선생이 김인홍 선생이나 고촌 김영일 선배를 넘겨다보며 넌지시 "벌써 약발이 다 떨어졌어요. 자, 주사 한 대 맞으러 갑시다" 하는 것이다.

'주사 맞는다'는 말은 곧 '약주를 한잔 마신다'는 암호로, 활력을 주는 '캄플(camphre) 주사'에 빗대 표현한 것이었다. 좌중은 이 말을 알아듣고는 이내 웃음으로 답하거나 "네, 좋지요. 링게루 맞으러 갑시다!"로 화창하곤 했다. 이제부터 술집과 다방의 왕복 항해가 시작되는 것이다. 즉, 모항인 '국제다방'을 중심으로 '백항아리집' 혹은 '미미집'이나 '신포주점', 그도 아니면 '마냥집' 등을 번갈아 드나드는 것이다. 이렇게 다방과 술집을 들락날락하는 그 모습이 마치 작은 배들이 쉼 없이 들고나는 풍경과 진배없었다.

'국제다방'은 애초 경기매일신문사 인쇄 제작 시설이 있던 구조였던 데다가 그때는 시내에 전문 전시 시설도 몇 군데 생겨났기 때문에 '은성다방'처럼 자주 전시회가 열리지는 않았다. 그러나 작가들이 희사한 그림과 서예 작품은 오히려 여러 점이 벽에 걸려 있었다.

1983년『현대문학』에 시가 추천되었을 때, 문협 지부장이던 이정태 선생이 추천 기념패를 만들어 여기서 전해 주고는 프린스호텔 노래방

다방이 밀집해 있던 중구 신포동 거리

으로 가서 흥겹게 노래 부르고 놀았던 기억도 생생하다. 한때는 이 다방에 한상억, 김길봉 선생이 자주 자리했고, 간혹 사진작가 김용수 선생, 국악협회장을 지낸 김유현 선생 모습도 보였다.

'국제다방'을 출입하던 한 세대 전 선배 예술인들은 지금 대부분 작고하셨다. 생각하면 1980년대 초 3~4년이 주마등처럼 지나간다. '국제다방'은 아직도 문을 열고는 있으나 안타깝게도 이제 종말이 닥친 늙은 짐승처럼 아주 가늘게 숨을 몰아쉬고 있는 형국이다.

이 무렵에 신축한 정우금고 빌딩 지하의 '정우다방'에서도 간간이 전시회가 열렸다. 고 최병구 선생이 길을 터놓은 '오성다방'에서도 잊을 만하면 한 번씩 시화전이 열렸다. 신흥로터리 '대원다방'은 수많은 '다방 사장'들과 함께 여전히 번성했고, 상공회의소 직원들이 많이 찾던 신포동의 '곰다방'과 사동 인천상공회의소 지하의 '상지다방' 등도 이 바닥 터주들이 자리를 잡고 앉아 손님을 맞았다. 이들 다방은 미구(未久)에 닥칠 시련을 전혀 눈치채지 못한 듯 늘 분주하기는 했다.

'신포다방'은 가장 번화한 거리의 하나였던 '미락' 골목(신포동의 유명 음식점 이름을 딴 것이다)에 있었다. 후배의 부인이 경영했는데 다방 본 이름보다는 '신포일보'라는 별칭으로 더 유명했다. 1980년대 인천 시정(市井)의 모든 뉴스거리가 매일 입에서 입으로 전해져 실제 지역 신문보다 더 빠르고 정확하게 전달되었던 까닭에 붙은 별명이다. 시정 방침, 검경(檢警) 소식, 항만 소식, 시장(市場) 사항, 공무원 동향, 학계, 문화 예술계 각종 뉴스는 물론 인사 문제, 지역 유지 동정 등을 망라한 모든 뉴스가 이곳에서 퍼져 나갔다고 해도 과언이 아니었다.

비단 이 '신포다방'만이 아니라 인근에 소재한 몇 개 다방들을 통해서도 소식과 소문은 시내로 퍼져 나갔으니, 신포동의 다방들이야말로 소문을 생산하고 확대하면서 여론을 형성하고 퍼트리는 광장 같은 장소였음을 입증하던 시절이었다.

그러나 1980년대를 지나고 1990년대를 겪으면서 이들 다방도 대부분 문을 닫고 종적도 없이 사라졌다. 이제는 거리마저 쇠락한 채 희미한 기억 속에 묻혀 갈 뿐이다.

마지막 전통 다방 시대

새로운 커피 문화의 시작

1970년대가 다방의 난숙기였다면, 1980년대는 다방의 분화(分化) 시대라고 부르는 것이 적절할 듯싶다. 아직 시내 모든 다방이 뚜렷하게 쇠퇴의 기미를 보이지는 않았지만, 몇 가지 형태로 생존을 위한 변신을 꾀하고 있었기 때문이다. 1970년대에 젊은 층을 대상으로 등장한 음악다방도 시들해지면서 대학가를 중심으로 새롭게 카페가 문을 열고, 커피숍이 등장하고, 통금 해제와 더불어 야간까지 영업하는 심야 다방도 출현한 것이다.

이는 산업 사회로 빠르게 발전해 가면서 생긴 생활 방식, 취미, 오락 문화 등의 변화에 따른 것이라고 할 수 있다. 동시에 도시나 농촌 할 것 없이 다방이 폭발적으로 늘어나 거의 포화 상태에 이른 탓에 치열한 경쟁을 벌일 수밖에 없었던 그 시대의 필연적인 변화였다. 그런데 이런 흐름은 전통 다방의 존립 근거를 위협하기 시작했다.

1980년대에 들어서는 찻값의 자율화와 함께 차 종류가 다양해지고 값도 비싸졌으며 분위기 좋은 실내 장식을 갖춘 다방이 많이 등장하였다. '난다랑(蘭茶廊)'을 필두로 체인점을 갖춘 다방이 등장하는가 하면 '○○화랑'이라는 상호가 유행하게 되었으며, 야간 통행금지 제도가 폐지되자 심야 다방이 대도시에 많이 나타났다. (중략) 다방업이 번성하여 늘어나자 지역별, 나이별 전문화 추세가 나타나게 되었으며 여성 전용 다방까지 등장하였고, 청소년의 다방 출입과 비행, 탈선이 사회 문제가 되기도 하였다.

역시 『한국민족문화대백과사전』의 내용인데, 주변 여건 변화에 따른 1980년대 다방의 변화 추세를 엿볼 수 있다. 이 같은 변화의 여파는 인천에도 예외가 아니었다. 중구 내동 내리교회 입구에 '고전화랑' 같은 화랑(畵廊) 다방이 생겨나기도 했다. 그러나 그다지 오래 명맥을 이어 가지는 못했다. 인천에 여성 전용 다방은 아예 없었던 것 같다. 아마 이용하는 여성 손님이 희소(稀少)했던 지역적 한계 때문에 한 군데도 문을 열지 못한 것이 아닌가 생각한다.

서울은 예외로 하더라도 심야 다방은 대체로 밤 늦게까지 열차나 버스가 도착하는 기차역과 시외버스 터미널 부근에 주로 생겨났다. 그러나 심야 다방 역시 인천에서는 크게 성업을 이루지 못한 것으로 기억한다.

이때 등장한 커피 자판기도 다방에 매우 불리한 요인이었다. 직장인들이 점심 후 다방에 가지 않고 자판기 커피를 마시기 시작한 것이다. 자판기는 매우 빠른 속도로 늘어나 1985년에 무려 15만 대에 이르고,

88올림픽을 계기로 해서는 아주 폭발적으로 증가한다.

레스토랑과 카페의 발전 역시 다방의 영역을 차츰차츰 줄이고 있었다. 물론 '커피숍'이라고 부르던 커피 전문점도 다방을 몰아세우는 주요 세력이었다. 커피 전문점의 발흥은 강준만, 오두진 공저 『고종 스타벅스에 가다』를 통해서 확인할 수 있다. "이 시기에 등장한 원두커피 전문점의 시초는 '쟈뎅'으로 88년 말에 압구정 1호점 오픈을 시작으로 급속도로 퍼져 나갔다"는 대목이 있다. 실제로 1989년 즈음 커피 전문점 확산을 필두로 전국적인 커피 붐이 일었다.

이처럼 다방이 전통적인 모습 그대로 머물러 있을 수만은 없었던 사

회 환경의 변화와 다방 간의 극심한 경쟁 체제, 그리고 오직 다방에서만 마실 수 있던 커피가 일반 대중에 널리 보급되기 시작한 점 등이 1980년대 다방의 분화, 변화, 쇠락을 부추겼다고 말할 수 있겠다.

1982년 무렵 동서식품에서 출시한 진공 동결 건조 커피 '맥심'은 다방에 가지 않아도 얼마든지 가정과 사무실에서 커피를 마실 수 있게 했다. "주방장이 없어도 커피 2스푼, 프리마 2스푼, 백설탕 3스푼을 넣고 뜨거운 물만 부으면 완벽한 커피가 된다"는 홍보 문구가 그대로 실현된 것이다. '맥심'은 이제까지 다방에서 쓰이던 원두커피 대신에 인스턴트커피 시대를 여는 서장이기도 했다.

미국 '맥스웰하우스 커피' 본사에 전시된 세계 5대 커피 중의 하나가 우리나라에서 개발한 커피믹스이며, 커피믹스의 황금 배합이라 일컫는 인스턴트커피 15%, 커피 크림 30%, 백설탕 55%의 성분 비율이 바로 이때 생겨났다는 이야기도 있다. 아무튼, 커피 자판기가 널리 보급되고 커피믹스와 캔 커피까지 개발되면서 커피 시장을 넓힌 인스턴트커피는 기존 다방의 입지를 더욱 좁히는 데도 단단히 한몫했다.

쇠락한 전통 다방

그렇게 다방이 설 자리를 잃어 가던 때, 아예 '노땅 다방'이라고 불리며 '할아버지 전용'을 표방하는 다방도 등장했다. 1988년 7월 창간호 『월간 다방』에 실린 어느 다방 종업원의 수필에 노인 전용 다방이 생길 수밖에 없었던 정황과 분위기가 드러나 있다.

지금의 우리처럼 한때는 젊은 시절을 지냈을 이분들, 사람과 자동차와 회색빛 암울한 빌딩밖에는 눈에 띄지 않는 이곳 도심에서 이들은 정말 갈 데가 없다. 친구들과 또는 혼자서 오후의 한때를 이곳에서 보내는 분이 꽤 많다. 여기서 그분들의 외로운 황혼의 시간을 넉넉하게 해 줄 수는 없지만, 그나마 조금의 휴식을 취하기에 마음이 편한 자리가 되었으면 한다.

한편, 변화를 거듭하던 다방이 결국 퇴폐로 치달아 '티켓 다방'이라는 형태로의 변질도 일어났다. 도시 변두리 다방이나 중소 도시, 군·면 소재지 다방 상당수가 생존 전략으로 이런 불법 음란 영업을 했다.

경북 영주시와 영풍군 내엔 요즘 손님이 요구하면 다방 여종업원을 여관 등지에 보내는 이른바 티켓업이 성행. 영주 시내 87개 다방과 영풍 군내 20개 다방은 요즘 여종업원 3~5명씩을 두고 손님이 여관이나 사무실 등에서 전화로 차를 주문하면 여종업원에게 차 배달을 시키면서 티켓을 끊어 주고 손님과 함께 즐기게 하는 대신 1시간당 5천 원씩을 여종업원으로부터 받고 있다는 것. 여종업원은 손님의 요구에 따라 술을 마시거나 춤을 추는 등 유흥을 즐긴 후 1시간당 1만 원을 요구, 그중 5천 원을 다방 주인에게 주고 있다.

1985년 5월 4일 자 「동아일보」 기사인데, 작은 도시 영주시와 영풍군에 다방이 무려 87개소와 20개소라는 숫자만으로도 놀랍다. 더욱이

마음다방
coffee shop
2F
마음커피숍
카페

시골에서 이 같은 퇴폐 영업이 이루어지고 있었다는 데 더욱 경악하지 않을 수 없다. 이해에 서울에서도 퇴폐 업소 단속이 있었다는 기사를 볼 때, 이 같은 다방이 전국적으로 얼마나 많았는지 짐작이 간다.

이 무렵 인천은 대구처럼 노인 전용을 표방한 다방이 생기지는 않았지만, 젊은 층이 선호하는 다방과 장년 이상 노인들이 출입하는 다방으로 양분되기는 했다. 다행이랄까, 티켓 다방에 관한 불미한 소문을 인천에서는 거의 들을 수 없었다.

이렇게 농촌 지역까지 퍼져 나가 여론의 질타를 받기도 했던 다방은 분파와 힘겨운 변모를 겪으면서 1990년대를 향한다. 그러나 1989년 10월 28일 자 「한겨레신문」은 이런 와중에도 낭만적인 기사로 1980년대를 마감한다.

1970년대부터 지금까지 다방이나 카페, 유흥업소 등에서 가장 많이 불리거나 시청되는 가요는 조용필의 「돌아와요 부산항에」, 외국 팝송은 비틀즈의 「예스터데이(Yesterday)」인 것으로 나타났다.

전국DJ연합회가 지난 7월부터 9월까지 500명의 회원을 대상으로 벌인 설문 조사에 따르면 가장 애청하는, 또는 신청하는 국내 가요 Best 5 2위는 김민기의 「친구」, 3위 송창식의 「고래사냥」, 4위 양희은의 「아침이슬」, 5위 패티 김의 「초우」 등이고, 외국 가요는 닐 세다카의 「유 민 에브리싱 투 미(You Mean Everything to Me)」가 2위, 사이먼과 가펑클의 「브리지 오버 트러블드 워터(Bridge over Troubled Water)」가 3위, 비지스의 「돈 포겟 투 리멤버(Don't Forget to Remember)」는 4위, 레드 제플

린의 「스테어웨이 투 헤븐(Stairway to Heaven)」이 5위를 차지했다.

문득 이 무렵에 팝 DJ로 전국적인 명성을 얻었던 김광한이 지금 인천 교통방송에서 활약하고 있다는 사실이 또 다른 감회를 불러일으킨다.

80년대까지는 그렇게 버텨 냈는데 1990년대 문화적 기호의 폭발로 다방보다 더 우월한 공간이 등장하면서 다방은 우울해졌다. 이른바 카페의 등장이었다. 프림과 설탕, 커피라는 단순 다방 커피 메뉴에서 카페는 훨씬 다양한 커피와 음료를 갖췄고 젊은 층의 구미에 맞는 실내 디자인과 함께 음악도 트렌드를 적극 반영해 냈다.

다방에는 낡은 기운의 뽕짝이나 철 지난 팝송만 있었다. 젊은 층의 자유로운 문화적 기호와 취향을 즉각 반영한 카페에 밀려 다방은 퇴락했다. 중소 도시나 농촌 지역의 매매춘 업소라는 이미지에 묻혔다. 다방을 밀어낸 카페의 전성시대도 그렇게 오래가지 않았다. 2000년대 들어서면서 다국적 기업을 필두로 한 프랜차이즈 커피 전문점이 막강한 자본력과 시스템으로 공세를 시작했기 때문이다.

문화평론가 김헌식의 글 「어젯밤도 당신은 별다방 콩다방에 있었나」의 부분이다. 1990년대 점차 몰락의 위기에 다가서는 다방에 대해 "낡은 기운의 뽕짝이나 철 지난 팝송만 있었다. 젊은 층의 자유로운 문화적 기호와 취향을 즉각 반영한 카페에 밀려 다방은 퇴락했다"는 말로 그 쇠락을 확인한다.

앞으로 도심에서 커피 한 잔 마시는 즐거움을 갖기도 그리 쉽지 않을 성싶다. 시민의 애환이 담기고 사랑의 장소인 '고전적 다방'이 점차 없어져 가는 대신 그 자리엔 신종 카페나 레스토랑, 국산 찻집 다실 등이 들어서 있다.

'1년 새 서울에서만 다방이 1천여 곳 줄었다'는 내용과 함께 1990년 6월 10일 자 「매일경제신문」이 전한 비관적이고도 씁쓸한 기사다. 이 기사는 당시 다방이 위기에 처한 까닭을 '인건비와 임대료 상승, 카페나 레스토랑 같은 고급 대체 공간 등장, 자판기 번창, 커피가 건강에 유해하다는 인식' 등으로 분석한다.

전국 다방 수는 1993년 4만 2,582개로 최고치를 기록한 뒤, 이후 조금씩 줄어들어 1996년 말 현재 4만 1,008개소에 이르고 있다. 그리고 오늘날의 다방은 광복 이전의 다방 경영이나 분위기, 이용 형태와는 엄청난 차이가 있다.

『한국민족문화대백과사전』의 인용문이다. 이 무렵이면 인천 다방의 중심지였던 신포동, 인현동, 내동 그리고 중앙동, 관동 지역의 다방도 점차 전업하거나 문을 닫기 시작한다. 반세기 이상 우리를 맞아 기쁨과 근심, 회한과 환희, 아픔과 희망을 들어 주고 보듬어 주던 정겨운 '전통 다방 시대'는 이렇게 빠르게, 필연적으로 쇠락의 길을 걸었다.

그 많던 다방은 다 어디로 갔는가

1927년 우리나라 최초의 영화감독 이경손이 관훈동 입구에 초기 동호인의 문화 애호가적인 분위기를 담아 다방 '카카듀'를 처음 개업한다. 이후 1929년 '멕시코다방'에 이어 1930년대에 들어 '낙랑파라'가 등장한다. 그리고 시인 이상이 시공한 다방 '식스나인(6·9)', '제비', '쓰루', '무기' 등이 '모던'의 상징이자 문화 예술인과 '모뽀모껄(모던 보이, 모던 걸)'의 아지트로서 우리나라 특유의 다방 문화를 꽃피우기 시작한다.

이어 광복과 6·25를 거치면서 모든 국민이 다방 문화에 익숙해지고 길드는, 이른바 다방의 최전성기를 맞는다. 한 집 걸러 다방이라는 말이 나올 정도로 다방은 수적으로 팽창하고, 도시민의 생활 일부분인 듯 밀착된다.

외국인의 눈에는 지구에서 오직 한국에만 있는 이 독특한 형태의 다방이 호기심의 대상이 된다. 특히 한국인과 한국 다방에 관해 그들 서양인이 품은 불가사의함과 궁금증은 실로 대단한 것이었다. 결국, 1960년대 말 미국 공보처가 우리나라 다방의 속성을 속속들이 파헤친 보고서를 내기에 이른다. 그것이 부산의 다방들을 표본으로 해서 만든 「다방 — 한국의 사교장」이라는 제목의 12장짜리 조사 보고서였다.

1970년대에는 "커피는 역시 다방 분위기 속에서 주인 마담과 농담을 하며 마셔야 기분"이 난다 할 정도로 모든 사람의 사랑을 받으면서 우리나라 다방사의 최절정기, 다방 문화의 난숙기라고 부를 만큼 성업을 이룬다. 또, 이 시기는 1960년대부터 일부 생기기 시작한, 이른바 '다방 회사, 다방 사장'이 범람하던 시대이기도 했다. '다방 사장'과 마담, 레지의 긴밀한 관계는 역시 한국 다방 문화의 또 다른 한 장(章)을 이루었다고 말할 수 있을 것이다. 이 무렵에는 문화 예술인 다방과 일반 다방이라는 확연한 구별도 생긴다.

전문 음악다방이라고는 할 수 없지만, 1960년대부터 이미 몇몇 다방은 DJ를 두는 새로운 영업 형태를 선보였다. 그러다가 1970년대에 들어서 유명 DJ를 둔 대규모 음악다방이 젊은 층을 상대로 크게 번창했다. 이때 등장한 인스턴트커피는 새로운 커피 시대를 열면서 전통 다방들로 하여금 과거식 다방 경영 개념에서의 탈피를 더욱 강요하기 시작한다.

1980년대에 들어서는 우리 사회의 빠른 변화와 함께 다방 경영 환경도 크게 달라진다. 아직 다방이 몰락할 것이라는 예측은 누구도 하지 않았지만, 사람들의 생활 방식, 취미, 오락 문화가 바뀌면서 전통 다방은 차츰 외면당하기 시작한다. 더구나 도시, 농촌 구별 없이 폭발적으로 늘어나 포화 상태에 이른 다방은 치열한 경쟁 때문에라도 스스로 변화를 꾀할 수밖에 없게 된다. 이 시기를 대표하던 다방 형태가 음악 다방, 여성 전용 다방, 심야 다방, 화랑 다방 등이다.

이렇게 분화한 다방은 대부분 젊은 층을 상대로 한 업소였을 뿐, 아직 변하지 않은, 중년 이상 노년층이 출입하는 전통 형태의 다방, 속칭 '노땅 다방'이 그대로 건재하면서 젊은 층의 다방과 양립한다. 이 시기에 일부 '노땅 다방'은 경영 압박을 견디지 못해 폐업하거나 도시 변두리, 혹은 멀리 농촌 지역으로 밀리면서 불법 음란 티켓 다방으로 변화한다. 이들은 세간의 손가락질을 받으면서도 2000년대까지 영업을 한다.

이런 상황에서 맞은 1990년대는 다방에 더욱 비관적인 시기였다. 88 올림픽 이후 세계화 추세에 맞춰 다방보다 우월한 공간이라고 할 수 있는 카페, 레스토랑이 등장했기 때문이다. 신생 카페, 레스토랑은 말 그대로 전통 다방을 차츰차츰 몰아내기 시작한다.

그러나 다방을 밀어낸 카페의 전성시대도 그렇게 오래가지 못한 채 단명하고 만다. 2000년대 들어서면서 다국적 기업을 필두로 한 프랜차이즈 커피 전문점이 막강한 자본력과 시스템으로 공세를 시작했기 때문이다.

1997년에 일어난 IMF도 다방에는 치명타였다. 2002년 12월 26일 자 『주간조선』에 실린 이거산의 '스타벅스에 도전장 낸 자바시티' 기사를 살펴보자. 이 글은 당시 "국내 다방 수가 IMF 전, 대략 3만 개 업소에서 IMF를 맞으면서 9천 개 수준으로 줄어들었다"고 기록하고 있다. 한마디로 다방이 현실의 악조건에 견디지 못하고 급속하게 쇠락의 길을 걷게 된 것이다.

이때 폐업한 다방들은 결국 농촌 지역으로 파고들어 티켓 다방을 확산한다. 실제로 이 무렵 지방 중소 도시나 농촌 지역에서 일어나는 티켓 다방 사건·사고 기사가 1980년대보다도 더 자주 등장하곤 했다. 이 밖에 그런 일이 있었나 싶지만, 남자 종업원을 고용해 여성 고객을 상대로 영업하는 역(逆) 티켓 다방이 생겨 일부 중소 도시로 퍼져 나가기도 했다고 한다.

IMF 위기를 극복하면서는 종전에 없던 새로운 형태의 커피 전문점, '스타벅스'가 문을 열더니 이내 2000년대 한국 원두커피 판매의 선두주자로 떠오른다. 에스프레소 커피가 한국인의 취향에 들어맞았던 것인지, 이 같은 커피 전문점이 급속도로 퍼져 나가면서 테이크아웃 문화가 유행한다.

2000년에서 2010년에 이르는 이 기간은 '스타벅스'를 비롯해 '커피빈', '투썸플레이스', '엔제리너스', '할리스', '파스쿠찌', '카페베네' 등 주요 커피 전문점 브랜드가 종래의 다방 대신 한국인의 입에 원두커피를 공급한다. 관계자들은 "빵집이 동네마다 들어선 것처럼 커피 시장도 비슷하게 커질 것"이라고 공공연히 말한다.

국내에서 소비되는 원두커피가 하루 평균 3,700만 잔 분량으로 조사됐다.

식품의약품안전청이 2001년부터 지난해까지 10년 동안의 커피 수입량을 분석한 결과 2001년 7만 9,526t에서 지난해 12만 3,029t으로 1.6배 늘었다. 금액으로는 8,000만 달러에서 6억 6,800만 달러로 8배 증가했다.

수입된 커피의 88%는 원두 형태이며, 볶은 커피와 인스턴트커피 등 가공 커피는 12%였다. 원두 수입량은 2001년 7만 6,757t에서 지난해 10만 8,918t으로 1.4배, 금액 기준으로는 6,200만 달러에서 4억 1,200만 달러로 6.7배 늘었다.

지난해 한국인이 마신 커피는 하루 평균 300t으로 에스프레소 3,700만 잔과 비슷하다. 이는 국내 경제 활동 인구가 하루에 커피 한 잔 반을 마시는 양이라고 식약청은 설명했다.

지난 3월 17일 자 「동아일보」에 '한국 커피 공화국… 하루 3,700만 잔 마셔'라는 제목으로 실린 기사이다. '커피 수입량이 10년 새 1.6배' 늘어났다고 한다. 한때 다방이 그토록 번창하더니 이제는 커피 전문점의 성황기인 셈이다. 한국인과 커피는 이처럼 뗄 수 없는 관계인가.

커피는 1883년 개항과 함께 인천에 입항한 외국 상사(商社), 외교 사절, 종교인들에 의해 전해졌을 것이다. 아펜젤러의 일기를 통해 '대불호텔에서 커피를 제공하거나 판매했을 것'이라는 추론도 가능하다. 그 후 인천에는 1930년대 '파로마다방'을 시발로 1950년대 '등대다방', 1960년대 이후 '은성다방' 등 문화 예술인, 기자 들을 상대하던 다방들이 번성했다. 이들은 세태의 변화를 온몸으로 받아 내면서 마침내 1980년대, 1990년대를 지나며 점점 쇠퇴의 길을 걷는다.

경기 북부의 군부대 밀집 지역에는 외출, 외박을 나온 군인들을 상대하는 다방이 상당수 있었는데, 이 다방들은 티켓 다방이라기보다는 카페의 낙후된 형태라고 생각하면 된다. 군부대를 살펴보면 다방 레지와 연애를 하는 병장 한둘쯤은 있다. (중략)

서울에도 변두리 지역에는 다방이 몇 군데 남아 있다. 97%는 지하에 있고, 가끔 건물 2층에 있는 곳도 눈에 띄지만, 일반 커피숍과 같이 1층에 있는 경우는 전혀 없다. 간판에 커피숍이라 씌어 있는 경우도 많이 있지만, 딱 보면 다방임을 알 수 있는 디자인이다. (중략)

요새는 일손이 부족해서 오너 혼자서 마담 겸 레지 노릇을 도맡는 경우도 꽤 있는 듯하다. 농담 삼아 어항이 있으면 다방, 어항이 없으면 카페라고 한다.

인터넷에 떠도는 글이다. 오늘날 남아 있는 다방의 현실을 아주 재미있고 실감 나게 기록하고 있다. 97%라는 단정이 오히려 신빙성을 다소 떨어뜨릴지는 몰라도 '변두리 지역에 남은 몇 군데 되지 않는 다방의 97%가 지하에 있다'는 말에 대체로 공감이 간다. 정말이지 지금은 몇 군데 남은 옛 스타일의 다방 대부분이 지하로 내려앉은 신세가 된 것이다.

또, '간판에 커피숍이라고 씌어 있다 해도 그 디자인으로 그것이 다방인지 진짜 커피숍인지 구별이 된다'는 말에도 동감한다. 재미있는 지적이다. 우습기도 하지만, 한편 처량하고 쓸쓸한 느낌을 지울 수 없다.

다방에는 첫사랑에 몸을 떠는 자, 즐거운 자, 피곤한 자, 실연한 자, 아파하는 자, 속이려는 자, 속는 자, 고뇌하는 자, 또 지식이 있거나, 예술을 하거나, 지위가 낮거나, 부자이거나, 노인이거나, 대학생이거나, 누구도 구속당함 없이 와 앉을 수 있었고, 마음 졸이며 기다릴 수 있었고, 웃을 수 있었고, 속삭일 수 있었고, 쉴 수 있었고, 식은 찻잔을 앞에 놓고 이별할 수 있었다. 해서, 다시 다방은 그 공간에 드나들던 그때 사람들의 가슴속에 인생의 한 간이역으로, 교차로로 두고두고 살아남아 있지 않을까.

이 다방들은 다 어디로 갔는가. 멀리 떠났는가. 끝내 남은 몇몇은 이렇게 도시 뒷골목 또는 변두리에서 늙은 짐승처럼 처량한 몰골로 가쁜 숨을 몰아쉬고 있을 뿐인가.

에필로그

2011년 10월 첫 주부터 매주, 근 6개월에 걸친 연재를 마친다. 다방 이야기보다는 대폿집 이야기가 더 어울릴 것이라는 주위의 충고와 제안이 있었으나, 애초 인천문화재단이 계획했던 대로 사라져 가는 다방 이야기로 시작하고 말았다. 인천에서 나서 오늘날까지 인천에서 살아오면서 다방보다는 술집 출입이 훨씬 잦았고 또 거기 얽힌 사연과 곡절이 많았으니, 자연 대폿집 이야기가 훨씬 내용이 다양하고 정감이 갔을 법하다는 생각도 든다. 그러나 다방 이야기에 등장하는 사람들은 대폿집 이야기에도 응당 주인공으로 등장하는 까닭에 글을 쓰는 입장에서는 똑같은 감정이 될 수밖에 없다.

아무튼 다방 이야기를 쓰면서, 거의 매주 과거 우리 인천 사람들의 삶의 중심지였던 신포동, 신생동, 중앙동, 관동, 송학동, 내동, 인현동, 용동, 경동 등지를 돌아보았다. 또, 인천역을 출발해 동인천역을 거쳐 화수동, 화평동, 송현동, 송림동, 금곡동, 창영동, 도원동, 숭의동, 도화동 들도 돌아보았다. 어느 주말에는 무작정 주안에서 부평으로 넘어

가 보기도 했다. 몇몇 다방들은 남아 있었고, 우리 삶의 과거가 거기 스미어 있었기 때문에 그 흔적을 찾기 위해 순례했던 것이다.

그렇게 걷다가 타다가 하다가 한두 군데 기적처럼, 정말 놀랍게, 기특하고 안쓰럽게, 낡고 낡아 가는 중에도 옛 모습을 눈에 띄게 남겨 가지고 있는 다방을 발견하기도 했다. 물론 대폿집도 마찬가지였다. 거기에는 떠나지 못한 옛날 사람도 한둘 남아 추억과 함께 늙어 가고 있었다. 차라리 오늘을 기다리고 있었는지도 모른다. 가게들은 그 옛날을 몸에서 내려놓지 못한 채 아주 힘겹게 이 세상 마지막 변두리보다 더 못한 모습으로 웅크리고 있었지만, 가슴은 뛰었다. 금방 최 선생님도 고촌 형도 아무렇지 않게, 미소 띤 얼굴로 들어설 듯했다.

추억이 많은 사람은 동사(凍死)하지 않는다는 말도 있지만, 그러나 혼자 남아 하는 추억은 결코 재산이 아니다. 궁상스럽고 괴롭다. 혼자 말하고 혼자 대꾸하는 심정을 누가 알랴. 마주 앉은 사람 없이 마시는 커피 맛의 그 무미함을 과연 누가 알 수 있으랴. 1960년대, 1970년대 다방을 출입하던 분들은 이제 단 한 분을 빼고는 세상에 계시지 않는다. 비슷한 또래들도 어찌 된 일인지 한둘을 남기고는 모조리 타계했다. 도시도 인물도 다방도 다 떠나가 다른 모습, 다른 세상으로 바뀌어 버린 것이다.

각설, 다방 이야기라고 해도 전문적인 다방사(茶房史)와는 거리가 멀다. 다방 이야기를 통해 당시 사회상을 체계 있게 분석, 정리한 글도 되지 못한다. 아니, 그것은 애초부터 능력 밖의 일이다. 그렇더라도 아주 얼치기 글이 되고 말았다. 서울의 다방 이야기도, 인천의 다방 이야기도 모두 아리송하게 얼버무렸다. 내용도 지나치게 인용투성이로, 필자의 주관적인 견해를 듣기가 어렵다. 또, 사연은 남루할 정도로 개인적이어서 책으로 묶기에는 얼굴 뜨거운 부분이 없지 않다. 매사 감정적이고 사유가 깊지 못한 까닭일 것이다. 그러나 혼자서는 슬프면서도 무한히 행복했다.

이제 신세를 진 분들께 감사를 드릴 순서다. 이런 글을 책으로 엮을 수 있게 해 준 인천문화재단에, 그리고 원고 연재부터 제책에 이르도록 세세히 보살피고 지원해 주신 재단의 함태영 과장과 정주희 대리께 감사드린다. 아울러, 인터뷰와 취재에 협조해 준 다방들과 일일이 동행해 사진 촬영을 해 준 김효선 양, 사진작가 김보섭 씨께 우선 고마움을 표한다. 자료를 보내 준 시인 조우성 형과 인천시립박물관 배성수 과장, 김래영 학예연구사, 최웅규 인천근대박물관장의 은혜가 참으로 컸다는 말씀을 드린다. 국제다방의 윤 사장님과, 기억하지 못했던 다방 자료를 수집해 준 팜 트리 이인아 씨, 김복영 씨, 재미난 정보를 제공한 수필가 서부길 씨께도 이 자리를 빌려 감사의 인사를 드린다. 특히, 폭넓은 조언을 해 주시고 자료 확인에도 많은 도움을 주신 인천광역시 역사자료관 전문위원 강덕우, 강옥엽 두 분 박사께도 머리 숙여 사의를 표한다.

또, 보기 힘들었던, 다방 관련 미국 공보처의 번역 자료를 사용토록 허락해 준 국립중앙도서관 워싱턴 현지 해외기록수집팀과 번역자 KISON

편집위원 이홍환 선생께도 심심한 감사와 경의의 말씀을 드린다.

많은 나이는 아니지만 어느덧 육십 중후반에 이르렀다. 앞으로도 이렇게 인천 이야기를 행복한 마음으로 쓸 수 있을지 모르겠다. 그러나 이만큼 살게 해 준 내 고향 인천에 대한 고마운 마음만은 가슴속에 황해 펄처럼 넓다. 인천 사랑! 그 마음만으로 졸문들을 읽어 주시기 바란다.

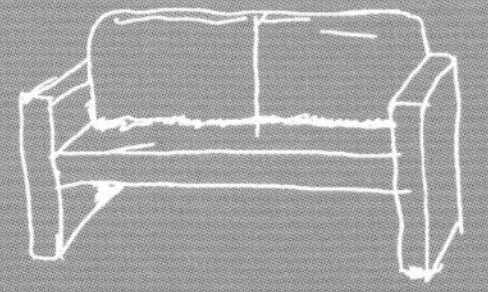